ПОДЕЛИСЬ ЖИЗНЬЮ

Учебник

*Курс, помогающий христианам,
желающим поделиться благой вестью с мусульманами*

Bert de Ruiter

"Sharing Lives" – служение миссии ОМ
http://www.sharinglives.eu

© Bert de Ruiter, 2016

Библиографическая информация Немецкой Национальной Библиотеки
Немецкая Национальная Библиотека вносит эту публикацию в Немецкую национальную библиографию; подробные библиографические данные можно найти в интернете на странице: http://dnb.dnb.de.

ISBN 978-3-95776-212-2 (VTR)
ISBN 978-3-902669-31-5 (OM)

VTR Publications, Gogolstr. 33, 90475 Nürnberg, Germany
http://www.vtr-online.com

Контактную информацию офиса ОМ в вашей стране вы можете найти на сайте: http://www.om.org

Цитаты приведены из Синодального перевода Библии.

Введение

По всей Европе христиане и мусульмане живут в непосредственной близости друг к другу. Они проходят мимо друг друга на улицах, стоят в одних очередях, живут в одних и тех же многоквартирных домах, встречаются на занятиях в одних и тех же кабинетах или столовых. К сожалению, они практически чужие друг другу.

Что мешает христианам сделать мусульман частью своей жизни? Сегодня, чтобы встретить мусульман, нет нужды лететь на самолете в другую страну — все, что необходимо — это перейти улицу, но, что нам мешает? Незнание? Не думаю. На сегодняшний день выпущено немало книг об исламе, а во многих учебных заведениях проводят семинары об этой религии.

В то же самое время, в средствах массовой информации непрерывно освещаются события с участием мусульман. Христиане нередко говорят о мусульманах, поджигающих здания церквей, преследующих христиан, врезающихся на самолетах в небоскребы, похищающих людей в разных уголках мира. Достаточно долго все это происходило где-то далеко от нас, однако, совсем недавно мусульмане взорвали поезда в Европе, а голландский телевизионный продюсер был убит марокканцем в Амстердаме.

Также заметно, что многие мусульмане не хотят пользоваться европейскими правилами поведения, основывая это тем, что они «христианские», а вместо этого требуют особых прав для себя.

Исследования показывают, что христиане отказываются идти навстречу мусульманам именно из-за страха, это единственный самый большой фактор. Мы создали учебный курс «Поделись жизнью», чтобы помочь европейским христианам преодолеть страх, предрассудки и негативное отношение к мусульманам, и научиться обращаться с ними по благодати, делясь благой вестью с мусульманами. Поделитесь с ними жизнью!

Название курса мы взяли из 1 послания к Фессалоникийцам 2:8, где апостол Павел пишет: *«Так мы, из усердия к вам, восхотели передать вам не только благовестие Божие, но и души наши, потому что вы стали нам любезны»* [в оригинале слово «душа» означает «жизнь»].

Этот стих – яркий пример такого свидетельства, когда поделиться благой вестью и разделить жизнь с другими людьми означает одно и то же.

Главная цель курса «Поделись жизнью» – помочь христианам изменить свое отношение к мусульманам. Сменить страх на благодать и искать дружбы с мусульманами в своем районе, чтобы поделиться с ними жизнью, которую дает благая весть Иисуса Христа.

Этот курс разделен на пять частей: каждая часть – это один шаг, который поможет нам в этом. Каждый такой шаг описан в одном из следующих уроков:

1) Как смотреть на ислам и мусульман
2) Как строить отношения на благодати
3) Как понять мусульман
4) Как встретиться с мусульманами
5) Как создать прочную дружбу.

Помимо учебника есть пособие для лидеров, ведущих этот курс, а также дополнительная информация, которую можно использовать на занятиях (презентации Powerpoint и видеоклипы). На сайте www.sharinglives.eu вы сможете найти и другую полезную информацию.

Доктор Берт де Руйтер
Амстердам

УРОК 1   ПОДЕЛИСЬ ЖИЗНЬЮ

УРОК 1:
КАК СМОТРЕТЬ НА ИСЛАМ И МУСУЛЬМАН

*Цель: помочь участникам взглянуть на собственное отношение к исламу и мусульманам и сравнить **его** с позицией Писания.*

Практическое задание:

Возьмите листок бумаги и запишите ответы на следующие вопросы:

Когда вы думаете об исламе и мусульманах, какие слова, образы, картинки и мысли приходят вам на ум?

Закончите следующее предложение:

«Я думаю, через двадцать лет ислам...»

Закончите следующее предложение:

«Я хочу, чтобы ислам...»

Обсудите в небольших группах свои ответы.

---

1   Призыв Бога

Мы читаем следующие слова Господа Иисуса Христа в обращении к Своим ученикам в Матфея 28:18-20:

«И приблизившись, Иисус сказал им: дана Мне всякая власть на небе и на земле. Итак, идите, научите все народы, крестя их во имя Отца и Сына и Святого Духа, уча их соблюдать все, что Я повелел вам; и се, Я с вами во все дни до скончания века. Аминь».

Великое Поручение было дано и нам. Господь Иисус Христос по-прежнему хочет, чтобы все народы мира пришли к Нему и стали Его учениками. Это относится и к мусульманам с нашей улицы, из нашего города и страны. Господь призывает Свою Церковь идти и приводить к Нему учеников из всех народов. На протяжении ве-

ПОДЕЛИСЬ ЖИЗНЬЮ УРОК 1

ков Он использовал Своих людей, чтобы приводить к Себе других людей. Однако, иногда Ему приходилось делать это с помощью не столь восторженных работников. Это мы можем увидеть на примере жизни Ионы.

2 Реакция Ионы на призыв Бога

«И было слово Господне к Ионе, сыну Амафиину: встань, иди в Ниневию, город великий, и проповедуй в нем, ибо злодеяния его дошли до Меня. И встал Иона, чтобы бежать в Фарсис от лица Господня, и пришел в Иоппию, и нашел корабль, отправлявшийся в Фарсис, отдал плату за провоз и вошел в него, чтобы плыть с ними в Фарсис от лица Господа.». Иона 1:1-3

Из книги пророка Ионы мы узнаем о сострадании Бога к миру, даже к врагам Его избранного народа Израиля. Бог знал народ Ниневии и то, что они делали. Они заслуживали Его осуждения и наказания за грехи. Вместо того, чтобы заставить их понести это наказание, Бог дал ниневитянам еще одну возможность покаяния с тем, чтобы Он мог простить их. Богу намного приятнее прощать, чем наказывать.

Мы часто видим, что Бог хочет, чтобы Его дети несли эту весть в мир. Также из этой истории мы узнали, что Бог отправил Иону в Ниневию, чтобы рассказать ее жителям о Своих намерениях. Но, как мы видим, Иона не хотел выполнять эту задачу.

Чтобы мы лучше могли понять, что испытывал Иона, когда услышал этот призыв от Бога, нам нужно узнать больше о Ниневии.

а Какими были Ассирия и Ниневия

В книге Бытие 10:8-11 мы читаем, что Ниневия была построена Нимродом, одним из самых первых могучих воинов на земле. Во времена Ионы Ниневия была столицей Ассирийской империи. Ассирия была царством, которое располагалось между реками Тигр и Евфрат, и доминировало над древним миром с девятого по

УРОК 1 — ПОДЕЛИСЬ ЖИЗНЬЮ

седьмой век до Рождества Христова. Эта империя была военной супердержавой и одной из самых кровожадных цивилизаций, известных человечеству.

Военному успеху Ассирии способствовало то, что она вызывала животный страх у всех других стран. Правители этой страны знали, как страхом подчинять себе людей. Возможно эта империя является одним из самых первых примеров, известных в истории, где страх использовался как психологическое оружие.

Полное уничтожение всех жителей при захвате городов – мужчин, женщин и детей – было не редкостью. Ассирия стала ужасным эталоном жестокости. Чтобы запугать своих противников, они могли отрубать различные части тела и сдирать кожу с живых пленников.

Исторические раскопки доносят до нас следы этой жестокости: в ассирийских хрониках и монументах запечатлены пирамиды из отрубленных голов поверженных врагов, сожженные города, люди, посаженные на кол, отсеченные руки, и прочие ужасы. На одном из монументов, найденных среди древних ассирийских руин, высечены следующие слова царя Ассурицирпала (начавшего свое правление в 883 г. до н.э.):

«Я взял в плен их мужчин, и молодых и старых. У одних я отрезал руки и ноги; у других я отрезал носы, уши и губы; из ушей молодых мужчин я собрал большую кучу; из голов стариков я построил минарет». Из книги Холинсона «Пять великих монархий» том 2, стр.85

Обычно, когда ассирийцы захватывали новую территорию, они переселяли побежденные народы на другие земли империи. С помощью этого они пытались уничтожить национальную гордость народа и рассеять любую надежду на возрождение, а с ней и попытки восстания. Так завоеванные народы оказывались на чужбине среди враждебных им людей.

ПОДЕЛИСЬ ЖИЗНЬЮ   УРОК 1

То же самое произошло и с захватом северной части Израиля в 722 г. до н.э. В 4 книге Царств 17:24 мы читаем:

«И перевел царь Ассирийский людей из Вавилона, и из Куты, и из Аввы, и из Емафа, и из Сепарваима, и поселил их в городах Самарийских вместо сынов Израилевых».

Со временем эти переселенные народы стали называть «самаритяне».

В книге пророка Наума 3:1-4 события развиваются через 150 лет после Ионы, и Ниневия там описана как

«город кровей... полон обмана и убийства; не прекращается в нем грабительство... убитых множество и горы трупов...»

Также упомянуты колдовство и чародейство. Многие пророки Ветхого Завета горячо осуждали языческое идолопоклонство ассирийцев (Исаия 10:5; Иезекиль 16:28; Осия 8:9).

Понимая, что происходило в Ассирии на протяжении столетий, не сложно представить, почему большинство израильтян относились к ассирийцам с подозрением, страхом и ненавистью. Мы уже не удивляемся, когда слышим, что Иона не желал отправляться к этому народу.

> **Обсужддение:**
> Попытайтесь поставить себя на место Ионы: как бы вы отреагировали на призыв Бога?
> Продолжаем ли мы и в наши дни страдать от «синдрома Ионы»? Если да, то каким образом?

3   Страны ислама – современная Ниневия?

Времена внушающей страх ассирийской империи давно миновали. Знаменитая Ниневия в наши дни – маленькая деревушка в Ираке. Однако, многие державы, режимы и правители ведут себя подобно ассирийцам в современном мире. Многие христиане

УРОК 1 ПОДЕЛИСЬ ЖИЗНЬЮ

считают, что современной «Ниневией» можно назвать страны ислама. Они знают об агрессии мусульманских экстремистов, слышат, как исламские лидеры бросаются высказываниями, вселяющими страх, и с подозрением относятся к мусульманам, которые переселяются жить поблизости от них. Самым большим препятствием на пути Благой вести для мусульман является отношение христиан.

Христиане испытывают страх к мусульманам, руководствуются предрассудками и относятся к ним с подозрением.

4   Как поступать с нашим страхом перед исламом.

Страх – это естественная, примитивная, инстинктивная реакция человека. Бог создал это чувство. Страх может выступать в роли предупреждающего сигнала, когда опасность рядом. Здоровый страх защищает нас от опасности. Не всегда страх является грехом, например, Иисус Христос испытывал страх в Гефсиманском саду. Однако не все, что кажется опасностью, на самом деле является опасностью.

> Часто используется акроним FEAR,
> который обозначает Ложные Свидетельства,
> Кажущиеся Реальными
> (False Evidence Appearing Real).

Зачастую страх – это ложная видимость опасности, которая кажется нам настоящей. Весь страх основывается на чувствах. Хотя большинство наших страхов необоснованны, наши чувства твердят, что нам угрожает опасность!

Страх часто искажает наше понимание действительности. Страх влияет на наше восприятие самих себя и нам кажется, что мы слабее, чем есть на самом деле. Страх преувеличивает размер проблемы или силу тех, кого мы считаем врагами. Поэтому проблемы кажутся нам огромными, а враги – непобедимыми. Но самое главное то, что страх разрушает наше представление о Боге. Он кажется нам слабым. Мы начинаем думать, что Бог остается в стороне и все наши беды ему безразличны.

Обоснованный страх опасного мира и страх, который лишает человека свободы и даже огорчает Бога отличаются ответами на вопросы: Кого или чего мы боимся и куда приводит эта боязнь? Ведет ли он нас к самозащите или к Богу – нашему защитнику? В притчах 29:25 говорится: «*Боязнь пред людьми ставит сеть; а надеющийся на Господа будет безопасен.*»

Сатана может пользоваться страхом, как оружием, он манипулирует нашими инстинктами, чтобы помешать нам выполнить все то, что задумал Бог. Повеление «не бойся» – одно из самых часто упоминаемых повелений в Писании. Это значит, что страх не только является одной из естественных реакций человека, но и одним из наименее оправданных поведений для последователя Христа. Парадокс. Однако Давид замечательно описывает его в следующих стихах:

«Когда я в страхе, на Тебя я уповаю. В Боге восхвалю я слово Его; на Бога уповаю, не боюсь; что сделает мне плоть?» (Псалом 55:4-5)

Один из способов преодолеть страх – это лучше узнать, что его вызывает.

Когда мы говорим о своем страхе перед исламом, то нам следует лучше узнать мусульман, как они исповедуют свою веру, как истолковывают Коран, как развивается ислам в Европе. Более подробно мы поговорим об этом в третьем уроке нашего курса.

Другой важный шаг, как можно справиться со страхом – воспринимать его как нечто серьезное.

"Когда наш взор замутнен действием страха, как нам следует действовать, чтобы восстановить правильную ориентацию? Как нам вновь обрести верное понимание действительности,

УРОК 1 — ПОДЕЛИСЬ ЖИЗНЬЮ

когда угрозы кажутся нам столь реальными, а опасность — столь явной? А вот как. Если вы бежите от вашего страха, он станет темным и разрушительным. Вместо этого позвольте ему преследовать вас, не пытайтесь отогнать его, твердя молитвенные штампы или отвлекая себя делами. Страх откроет перед вами ваше сердце. Чем сильнее страх, тем яснее предстанет перед вами причина вашего страха. Страх вносит ясность, выявляя, кому и чему мы служим. Он может быть разделен на две категории: страх этого мира и страх Божий." [1]

Причиной большинства страхов является наше желание получить удовольствие, быть уважаемыми и значимыми, иметь безопасность и радость в этом мире, который чаще всего причиняет нам боль, стыд, печаль, приводит к хаосу. Страх этого мира — это еще один способ описать, что жизнь или другие могут сделать с нами.

Другой способ справиться со страхом — это сравнить источник нашего страха с чем-то бо́льшим. Для нас, христиан, нет ничего больше нашего Бога, Творца, и нашего Отца через Иисуса Христа. Если мы больше будем познавать, кем является наш Бог, мы сможем преодолеть страх перед людьми и обстоятельствами.

Об этом говорится в 40-54 главах пророка Исаии, где описаны события в истории божьего народа, которые можно сравнить с событиями наших дней.

---

[1] Крик Души: Как наши эмоции могут помочь нам познать Бога / Дэн Б. Аллендер, Тремпер Лонгман III; Пер. с англ. Н. Ивановой.- Новосибирск: Посох, 2005. 240 с.

ПОДЕЛИСЬ ЖИЗНЬЮ УРОК 1

5 *Подоплека 40-54 глав книги пророка Исаии.*

Пророк Исаия жил в один из самых тяжких периодов истории народа Израиля. 10 племен северного царства были депортированы в Ассирию; и вскоре два народа южного царства должна постичь та же судьба, только они будут захвачены другой супердержавой – Вавилоном.

В 40-54 главах книги Бог обратился к Своему народу. Они находились в изгнании, и святой город Иерусалим был разрушен. Народ был разбросан по чужим землям. Над ними брали верх другие цари, правительства, империи и их боги.

Ушли в прошлое славные дни Израиля. Больше не было ни храма, ни страны, ни национального достояния. Люди были обескуражены, лишены мужества и убеждены, что Бог оставил их. Они говорили друг другу:

«путь мой сокрыт от Господа, и дело мое забыто у Бога моего» (Исаия 40:27)

и

«оставил меня Господь, и Бог мой забыл меня!» (Исаия 49:14).

Прошли времена величия Давида и Соломона. Израиль перестал существовать, как независимое царство. Израильтяне были убеждены, что, пока храм остается в Иерусалиме, они будут в безопасности, однако храм оказался разрушенным. Теперь люди были *«народ разоренный и разграбленный; все они связаны в подземельях и сокрыты в темницах; сделались добычею, и нет избавителя; ограблены, и никто не говорит: «отдай назад!»» (Исаия 42:22, также см. 49:19-21).*

Убежденные, что Бог не видит, не знает или не заботится о том, что с ними происходит, они разочаровались в Нем. Со временем народ стал считать, что Бог неспособен им помочь, и перестали ожидать от Него помощи. У них даже была песня, в которой говорилось:

УРОК 1 — ПОДЕЛИСЬ ЖИЗНЬЮ

«При реках Вавилона, там сидели мы и плакали, когда вспоминали о Сионе; на вербах, посреди его, повесили мы наши арфы. Там пленившие нас требовали от нас слов песней, и притеснители наши — веселья: «пропойте нам из песней Сионских». Как нам петь песнь Господню на земле чужой? Если я забуду тебя, Иерусалим, — забудь меня десница моя» (Псалом 136:1-5).

Израильский народ считал, что власть Бога ограничена лишь пределами земли обетованной.

Израильский народ был удручен, подавлен, испуган, чувствовал себя незащищенным.

В эти темные времена истории Израиля, когда царили страх и разочарование, Бог призвал пророка Исаию, чтобы утешить их *(Исаия 40:1)*, и поступая так, Господь настойчиво призывает их не бояться *(40:9; 41:10; 13; 14; 43:1,5; 44:2,8; 51:7,12; 54:4,14)*.

Господь хочет, чтобы Его народ преодолел страх и обращает внимание на Себя:

«не бойся; скажи городам Иудиным: вот Бог ваш!» (Исаия 40:9)

Бог утешает Свой народ, открывая им Себя:

«Я, Я Сам – Утешитель ваш. Кто ты, что боишься человека, который умирает, и сына человеческого, который то же, что трава, и забываешь Господа, Творца своего, распростершего небеса и основавшего землю; и непрестанно, всякий день страшишься ярости притеснителя, как бы он готов был истребить? Но где ярость притеснителя?» (Исаия 51:12-13)

В Библии есть текст, который начинается со слов *«Утешайте, утешайте народ Мой, говорит Бог ваш...» (Исаия 40:1)* и заканчивается словами *«Ни одно орудие, сделанное против тебя, не будет успешно; и всякий язык, который будет состязаться с тобою на суде, – ты обвинишь. Это есть наследие рабов Господа, оправдание их от Меня, говорит Господь». (Исаия 54:17).* Этот текст открывает для нас пять принципов, которые помогут нам преодолеть страх перед исламом.

ПОДЕЛИСЬ ЖИЗНЬЮ   УРОК 1

А   Бог обещает быть с нами несмотря ни на что.

«Не бойся, ибо Я с тобою...» (Исаия 43:5) (ср.Исаия 41:10)

То, что Бог обещал быть с нами, является серьезной причиной, почему мы не можем бояться ни в каких обстоятельствах. Бог с нами *(41:10, 43:5)*, Он не оставит нас *(41:17, 42:16)*, и Он не забудет нас *(44:21, 49:15)*.

Божье присутствие не означает беззаботной жизни. Мы можем проходить через испытания и переживать трудности, но ничто не может победить нас. *(Исаия 43:2 «Будешь ли переходить через воды, Я с тобою...»)* Присутствие Бога утешает нас в страшных обстоятельствах.

Б   Бог сделает то, что задумал

«Я возвещаю от начала, что будет в конце, и от древних времен то, что еще не сделалось, говорю: Мой совет состоится, и все, что Мне угодно, Я сделаю... Я сказал, и приведу это в исполнение; предначертал, и сделаю». (Исаия 46:10-11)

Желая помочь Своему народу побороть страх, Бог побуждает нас сосредоточить свое внимание на Нем:

Б.1   Он Всевышний Творец

«Я, Я Сам – Утешитель ваш. Кто ты, что боишься человека, который умирает, и сына человеческого, который то же, что трава, и забываешь Господа, Творца своего, распростершего небеса и основавшего землю; и непрестанно, всякий день страшишься ярости притеснителя, как бы он готов был истребить? Но где ярость притеснителя?» (Исаия 51:12-13)

Когда мы переживаем тяжелые времена, и, кажется, что почва уходит из-под ног, Господь хочет, чтобы мы помнили, Он – Всевышний Творец. Он – единственный Творец *(44:24, 48:13, 51:16)*. Он взвешивает и измеряет небеса и землю, воды и горы *(40:12)*; леса и животных *(40:16)*; звезды и планеты *(40:26)*, а также наро-

УРОК 1 ПОДЕЛИСЬ ЖИЗНЬЮ

ды и острова *(40:15)*. Именно Всевышний Творец вдыхает жизнь во всех людей, живущих на земле *(42:5)*.

Как правители, так и простые люди всей земли жизнью обязаны Ему, Творцу концов земли *(40:28)*

Он создал небеса и землю по Своему замыслу *(45:18)*. Он не нуждается ни в чьей помощи *(40:13-14, 44:24)*. Мы можем положиться на Его силу, мудрость и быть уверенными, что Он знает, что делает, даже если нам не всегда понятно почему.

Народы и правители, которые так нас пугают, в глазах Бога – всего лишь *«как капля из ведра» (40:15)*, или как саранча *(40:22)*, или как глиняный черепок *(45:9)*.

Б.2 Он – судья над всей землей

«Умолкните предо Мною, острова, и народы да обновят свои силы; пусть они приблизятся и скажут: «станем вместе на суд»». (Исаия 41:1)

Бог обращается к народам, чтобы они пришли на суд со своими идолами и попытались там защитить себя, представив доказательства *(Исаия 41:19-25)*, и приведя свидетелей *(43:9-21)* на всеобщее обозрение *(45:20)*. Праведный Бог требует ответа на суде от всех народов и людей. Он судья над всей землей. Он требует отчета о том, как человек прожил свою жизнь, о чем он думал, и на кого он полагался. Люди должны прийти в Его зал суда, а Он, в свое время, вынесет приговор каждому человеку.

У Бога не отнимешь справедливости и праведности. Его справедливость будет светом для народов *(51:5)*, а Его праведность никогда не перестанет *(51:6)*. Порой кажется, что зло и несправедливость правят этим миром, но Господь, Судья всей земли, в нужное время все приведет в порядок. Настанет пора, когда каждое колено преклонится перед Ним, каждый язык признает, что Он – Господь *(45:23)*.

Если мы будем помнить об этом, нам будет легче отдать правосудие в руки Бога.

Б.3 Он – Царь всех царей

«Кто воздвиг от Востока мужа правды, призвал его следовать за собою, предал ему народы и покорил царей? Он обратил их мечом его в прах, луком его в солому, разносимую ветром». (Исаия 41:2)

Бог смиряет правителей и царей, которые кажутся нам такими страшными и причиняют столько вреда *(40:23)*. Политические лидеры думают, что добиваются собственных целей, а при этом Бог использует их для исполнения Своих вечных планов *(41:25; 44:28; 45:1-13)*.

Например, стихи в книге Исаии непосредственно говорят о персидском царе Кире: Бог называет его своим пастухом, который исполнит все, что Он задумал *(44:28)*, а также Своим помазанником *(45:1)*.

Перед нами царь, которого Бог избрал и поставил для того, чтобы завоевать народы. Бог правит правителями. У Него последнее слово в человеческой истории и делах народов. Он прекратит существование империй зла, (как Он это сделал с Вавилонской империей во времена пророка Исаии), вне зависимости от того, что они думают о своем величии *(47:7)*. Именно согласно Своему суверенному замыслу Господь позволил другим народам покарать Израиль *(47:6)*.

Б.4 Он – Первый и Последний

«Кто сделал и совершил это? Тот, Кто от начала вызывает роды; Я – Господь первый, и в последних – Я тот же». (Исаия 41:4; ср. 43:10; 44:6; 48:12)

Бог управляет ходом человеческой истории. Он был первым – Он существовал до того, как что-либо начало существовать, и от Него зависит все существующее. Он – Начало, Которое никто не создавал. Он вечен *(40:28)*. Он будет существовать, когда Его вселен-

УРОК 1 ПОДЕЛИСЬ ЖИЗНЬЮ

ский план будет исполнен. Он от самого начала знал, каким будет конец *(44:7; 46:10; 48:3)*. Он знает будущее *(45:11)*.

То, как разворачивается история человечества – не ошибка. Это не случайное совпадение событий, а Бог на небесах управляет всеми этими событиями, чтобы они привели к исполнению того, что Он задумал от начала.

Это значит, что на самом деле *есть* смысл у истории, и Господь направляет ее ход к воплощению Его плана.

Если Бог – и начало и конец, то Он имеет власть и над всем тем, что находится между ними.

Если Бог называет Себя Первым и Последним, значит Он – единственная абсолютная власть. Он – Единственный Спаситель: *«Я, Я Господь, и нет Спасителя кроме Меня». (43:11; также 44:8; 44:24; 45:5-6, 18, 21-22; 46:9-10)*.

Иисус пользуется тем же именем в книге Откровения *(1:17; 22:13)*.

Обсудите:

- Как мы отнесемся к зарождению ислама в 6 веке н.э., понимая, что Бог – суверенный Господин всей истории?
- Зная о том, что Бог управляет ходом истории, как мы будем относиться к представителям исламского фундаментализма, к движениям Талибан и Аль-Каида? Может ли Господь использовать этих людей для достижения Своих целей? Если да, то какими могут быть эти цели?
- Какая связь между суверенитетом Бога и переездом миллионов мусульман в Европу? Отвечая на этот вопрос, вспомните, что говорил апостол Павел в книге Деяний 17:26-27: *«Он назначил предопределенные времена и пределы их обитанию, дабы они искали Бога, не ощутят ли Его и не найдут ли, хотя Он и недалеко от каждого из нас»*

ПОДЕЛИСЬ ЖИЗНЬЮ УРОК 1

В   Бог предан Своему народу, несмотря ни на что

«А ты, Израиль, раб Мой, Иаков, которого Я избрал, семя Авраама, друга Моего, — ты, которого Я взял от концов земли и призвал от краев ее, и сказал тебе: "ты Мой раб, Я избрал тебя и не отвергну тебя" (41:8,9)

«Не бойся, ибо Я искупил тебя, назвал тебя по имени твоему; ты Мой» (43:1)

Во времена Исаии народ Бога думал, что все пропало. Силы противников крепли, и их будущее казалось все более и более мрачным. Точно так же в наше время многие христиане в Европе боятся, что церковь на их континенте вскоре перестанет существовать, потому, что ее вытеснит ислам. Будучи свидетелями того, как здания церкви превращают в мечети, они понимают, что христианство теряет влияние на европейское общество. Слова из книги Исаии сегодня звучат актуально как никогда. Пророк напоминает, что народ Бога в его времена, и косвенно и христиане 21-го века ценны в глазах Божиих *(43:4)*, что они записаны у Него на ладони *(49:16)*.

Бог не стыдится называть Себя их Богом *(40:1, 43:3)*, их Спасителем *(43:3)*, Искупителем *(43:14)* и Царем *(43:15)*. Он связал Свою репутацию с ними *(48:11, 43:7)*. Он защищает их в опасные времена *(43:2, 54:17)*. Он ведет их как пастух *(40:11)*; Он предлагает им Свою помощь *(40:13-14)*; Он придает им сил *(41:10)*; Он утешает их *(40:1; 51:12)*; Он обещает им будущее *(42:14-16; 43:5-6)*.

Г   В жизни слуг Бога всегда есть крест, несмотря ни на что

Обещание Бога быть с нами, Его контроль над событиями и любовь к нам не означают, что Его народ не может переживать сложные времена, терпеть гонения и страдать.
Наоборот, в этой части книги Исаии мы узнаем, что страдание неотделимо от исполнения Божьего плана. В этих главах книги пророка Исаии мы находим четыре так называемые «песни слуги» *(42:1-9; 49:1-6; 50:4-9; 52:13 – 53:12)*. Герой каждой из них пред-

ставлен слугой, отправившимся в миссию по желанию своего Господа. Те великие дела Господа ради Израиля и всего мира, о которых Он говорит, должны быть исполнены через этого слугу. Таким слугой Господа стал Иисус. Он появляется и приносит освобождение из плена. Причем это возвращение происходит не только географически, но приобретает и духовный смысл. Планы Бога осуществятся через Слугу. Заметим, что три из четырех «песен слуги» говорят о страдании. Даже если во второй *(49:4,7)* и третьей *(50:6)* это не так заметно, в четвертой страданию уделяется больше всего внимания. И если даже Слуга Господа не смог избежать страдания на пути к славе, исполняя Его предназначение, то и для нас должно быть понятно, что боль, страдание и гонения нельзя отделить от следования за Христом. Любовь – самоотдача Христа к своему народу является примером отношения к мусульманам.

6   *Страх перед Богом побеждает любой другой страх*

«Кто из вас боится Господа, слушается гласа Раба Его? Кто ходит во мраке, без света, да уповает на имя Господа и да утверждается в Боге своем». (Исаия 50:10)

В этой части Библии, утешая Свой напуганный народ, Бог более десяти раз говорит им не бояться, вместо этого сосредотачивая их внимание на Себе. Нам напоминают не бояться людей, правителей, обстоятельств, будущего, несправедливого обращения и т.д. Однако, нам говорят, что необходимо иметь страх перед Богом. Большой страх должен изгонять маленькие страхи. Бог – это Тот, Кого мы должны бояться больше всего. Выражение «страх Божий» означает уважительное, почтительное, доверительное и покорное отношение к Богу. Бояться Бога — значит быть поглощаемым Его присутствием.

"Когда мы дезориентируем самих себя, боясь Бога меньше, чем чего-то еще, мы попадаем в беду. Когда мы боимся чего-то еще,

ПОДЕЛИСЬ ЖИЗНЬЮ УРОК 1

мы забываем о страхе Божием...В Божьем присутствии все человеческие страхи исчезают, как дым, разгоняемый ветром.... Страх Божий не уводит нас от Бога, но ведет нас к Нему. Только когда страх Божий преодолевает в нас страх этого мира, мы можем истинно и плодотворно справиться с нашими повседневными страхами."[2]

Чем больше мы боимся Господа, тем меньше боимся всего остального. Как Давид замечает в псалме 111, страх перед Богом побеждает страх перед людьми:

«Блажен муж, боящийся Господа и крепко любящий заповеди Его… Не убоится худой молвы: сердце его твердо, уповая на Господа». (Псалом 111: 1,7)

Практическое задание

Самым главным заданием после этого занятия и для подготовки к следующему будет МОЛИТВА. Особенно горячо молитесь о переменах. Переменах в мусульманском мире в общем и переменах в наших сердцах по отношению к мусульманам в особенности. Мы просим вас каждый день молиться за мусульман. Вы можете молиться за тех мусульман, о которых услышали в новостях, а можете молиться за тех, кого уже знаете лично. Просите, чтобы Господь сделал их Своими учениками.

1. Проанализируйте свою жизнь (просите Бога помочь вам увидеть белые пятна): есть ли сферы вашей жизни, в которых вы боитесь обстоятельства или людей, больше чем Бога? Как вы можете применить уроки, извлеченные из 40-55 глав книги пророка Исаии к этим ситуациям?
2. Во время молитвы всерьез задумайтесь о своем отношении к исламу и мусульманам. Советуем взять тот листок, на ко-

---

[2] Крик Души: Как наши эмоции могут помочь нам познать Бога / Дэн Б. Аллендер, Тремпер Лонгман III; Пер. с англ. Н. Ивановой.- Новосибирск: Посох, 2005. 240 с.

УРОК 1   ПОДЕЛИСЬ ЖИЗНЬЮ

тором в начале занятия вы записывали свои мысли и представления о мусульманах и о том, что произойдет с исламом в ближайшие 20 лет.

> **Используйте свои записи во время молитв и сравнивайте их с тем, что говорится в следующих псалмах:**
>
> День 1 – псалом 136
> день 2 – псалом 108
> день 3 – псалом 54
> день 4 – псалом 68
> день 5 – псалом 55
> день 6 – псалом 26
> день 7 – псалом 90
>
> **Каждый день отвечайте на вопрос: что в этом псалме может помочь мне изменить свое отношение к исламу и мусульманам?**

Многие из вышеуказанных псалмов еще называют «проклинающими псалмами», потому что их автор просит Бога наказать его врагов. Часто христианам сложно сопоставить эти псалмы с любовью Бога и Его повелением любить врагов наших. Однако они не противоречат любви Бога. Когда мы молимся по этим псалмам, мы признаем истину в послании к *Римлянам 12:17-19* (где цитируется *Второзаконие 32:35*), а именно:

«никому не воздавайте злом за зло, но пекитесь о добром перед всеми человеками. Если возможно с вашей стороны, будьте в мире со всеми людьми. Не мстите за себя, возлюбленные, но дайте место гневу Божию. Ибо написано: Мне отмщение, Я воздам, говорит Господь. (Послание к Римлянам 12:17-19)»

Эти псалмы учат нас, что в общении с Богом мы свободны выражать свои эмоции, и даже негативные. Мы изливаем свой гнев, беспокойство, страх, обиды перед любящим, милосердным, свя-

ПОДЕЛИСЬ ЖИЗНЬЮ   УРОК 1

тым и праведным Богом, и Его присутствие помогает нам оставить все свои негативные чувства, а вместо этого Бог помогает нам научиться прощать и принимать, как Он.

Псалом 136

Псалом, написанный после вавилонского плена, выражает печальные чувства Божьего народа. К ним относились с жестокостью. Они были переселены из своих домов и их принудили жить на чужой земле. Их сердца переполнены горечью и отчаянием. Они жаждут узнать, как Бог будет действовать в этой ситуации и хотят справедливости и отмщения.

> "Страстное желание мести в контексте поклонения Богу, который есть любовь, может привести к мучительному осознанию того, что неприемлемо «бросать со скалы» любого ребенка».[3]

Псалом 108

В этот псалме мы слышим голос Давида, исполненного злости из-за несправедливых нападок врагов. Он был в гневе и хотел мести для всей семьи человека, причинившего ему вред. Давид жаждет, чтобы то зло, которое доставило ему мучения, обернулась против человека, обидевшего его. Поразмышляйте о месте гнева в жизни христиан.

Псалом 54

Псалом отражает тревогу и страх Давида. Тот страх, с которым он столкнулся, привел к всепоглощающей ярости. Он больше не может думать ни о чем. Его близкий друг не оправдал доверие и причинил ему боль. Желание Давида — как можно дальше убежать от опасности. Но в конце псалма мы можем увидеть, что псалмопевец не стал искать прибежища в пустыне, а прибежал к

---

[3] Ida Glaser: 'We Sat Down and Wept': Biblical Babylon and Israel as Resources for Conflict Situations, *The Round Table*, Vol 94, No. 382, 641-651, October 2005.

УРОК 1 — ПОДЕЛИСЬ ЖИЗНЬЮ

Богу. Давид уверен, что Божье присутствие будет ответом на его молитвы.

Псалом 68

В этом псалме мы ощущаем благость Господа в разгар страданий. В 68 псалме мы видим хороший пример смены страданий, страха и гнева победой и покоем. Давид обратил свой взгляд со страданий на Бога и это привело к неожиданным переменам настроений – от горя к радости (стихи 30-36).

Псалом 55

Это еще один псалом, в котором Давид отдает свой страх Господу. В псалме описан парадокс: «Когда я в страхе, на Тебя я уповаю…на Бога уповаю, не боюсь…» (Псалом 55:4-5) Замечаете ли вы этот парадокс в вашей жизни?

Псалом 26

В этом псалме Давид осознает, что Бог больше любых обстоятельств, вселяющих страх. Эти обстоятельства могут и не измениться, но только Божье присутствие дает мир среди проблем.

Псалом 90

Псалом учит нас, что во времена опасностей, сложных ситуаций и столкновений со злыми людьми, мы можем укрыться в Божьем присутствии.

| УРОК 2 | ПОДЕЛИСЬ ЖИЗНЬЮ | |

УРОК 2: УЧИМСЯ ОБРАЩАТЬСЯ С ЛЮДЬМИ ПО БЛАГОДАТИ

Цель: помочь участникам понять важность благодати Божией в Библии и в нашей жизни, особенно по отношению к мусульманам.

> **Практическое задание:**
> обсудите в группе, как прошло выполнение задания после первого урока, молитва и чтение «проклинающих» псалмов. Какие уроки вы извлекли?

1 Введение

В первом занятии мы сосредоточились на собственном отношении к исламу и мусульманам. Когда мы делимся в присутствии Бога своими страхами, предрассудками, беспокойством, у нас в сердце освобождается место для благодати. Она и станет темой второго занятия. Мы хотим подумать о том, какое действие имела благодать Бога в жизни Ионы, и как он не желал делиться этой благодатью.

Мы хотели бы помочь вам понять важность благодати в Библии, в нашей жизни, и хотели бы объяснить, как выражается благодать в отношении к мусульманам.

> **Практическое задание**
> на листке бумаги запишите свое определение благодати.
>
> **Обсуждение**
> К.С. Льюис однажды сказал:
> «Единственное, что отличает христианство от других мировых религий – это благодать»
> Согласны ли вы с этим мнением? Объясните свой ответ.

2 Уроки благодати в жизни Ионы

«И помолился Иона Господу Богу своему из чрева кита и сказал: к Господу воззвал я в скорби моей, и Он услышал меня; из чрева преисподней я возопил, и Ты услышал голос мой». (Иона 2:2-3)

Иона бежал от Господа, и теперь находился под Его осуждением. Несмотря на это, Иона призывает Бога на помощь. Бог отвечает ему с благодатью. Находясь в чреве кита, Иона понимает, как сильно он зависит от благодати Бога и восклицает: *«у Господа спасение!» (2:10)*. Кит становится символом благодати Божией в жизни Ионы. Нам хорошо знакома история Ионы, и поэтому мы уже перестали замечать всю глубину благодати и сострадания Бога здесь. Господь учит нас быть щедрыми на благодать, вместо того, чтобы гордиться и осуждать. Он хочет, чтобы сострадание переполняло наши сердца так же сильно, как и Его. Но из книги Ионы мы узнаем, что и сам пророк не сразу это понял.

«...о Господи! Не это ли говорил я, когда еще был в стране моей? Поэтому я и побежал в Фарсис, ибо знал, что Ты Бог благий и милосердый, долготерпеливый и многомилостивый и сожалеешь о бедствии». (Иона 4:2)

Подозрения Ионы подтвердились, и открывается причина, по которой он не хотел идти в Ниневию: Бог простил жителей Ниневии и вместо осуждения показал им милость. Читая 4 главу, мы видим, что Бог проявил любовь и терпение и к Ионе. Богу недостаточно слепого послушания, которое оказал Иона в 3 главе, проповедуя грядущее наказание жителям Ниневии. Бог хотел, чтобы Иона оказывал милость тем, кому Он Сам оказывает милость. Как в 1 главе у Ионы не было желания благословить Ниневию, так не было и теперь.

Бог обращается к Ионе: *«...неужели это огорчило тебя так сильно?» (4:4)* Он призывает Иону внимательнее задуматься о своем отношении к людям, к которым Он его послал. Хотя Иона все правильно говорит с точки зрения богословия *(4:2)*, его настроение,

УРОК 2   ПОДЕЛИСЬ ЖИЗНЬЮ

отношение и расположение сердца противоречат тому, что он говорит. Поэтому Иону и попросили всерьез задуматься о своем отношении.

Задумайтесь на минуту: единственным, у кого было право сердиться на Ниневию, был Бог, ненавидящий грех и насилие. Однако Он Сам решает оказать им милость и простить грешников и злодеев. Поэтому вопрос, с которым Господь обращается к Ионе, подразумевает, что у Ионы не было никакого права выказывать недовольство, когда Он решил не уничтожать Ниневию. Иона наизусть знал Пятикнижие, а потому он помнил слова: «*У Меня отмщение и воздаяние*» (*Второзаконие 32:35*). Только Бог мог принимать такие решения, не Иона. Проблема Ионы была в том, что он пытался диктовать Господу, как поступать.

Мы берем на себя роль Бога, когда продолжаем сердиться на тех людей, которых Он уже простил, когда мы решаем взять правосудие в свои руки, когда пытаемся отомстить, унизить на словах или даже отвечать насилием на насилие. Когда мы «поступаем по справедливости», исходя из собственных желаний, мы забегаем вперед Бога. Сегодня Он задает нам тот же вопрос, что и Ионе много лет назад, какое право мы имеем огорчаться. Единственный правильный ответ на этот вопрос, это «Нет, Господь, право изливать гнев принадлежит Тебе, не мне. Я в гневе могу причинить немало вреда». Если вы испытали на себе благодать Бога, вы не имеете право жаловаться, когда Он проявляет ее к другим, даже если вы считаете, что эти люди ее не заслуживают.

> **Обсуждение**
> Ионе трудно было дарить милость. А вам? В каких ситуациях вам тяжело проявить милосердие?

ПОДЕЛИСЬ ЖИЗНЬЮ　　　　　　　　　　УРОК 2

3   Что такое благодать

«Но благодатью Божией я есть то, что есть» (1 Коринф. 15:9-11)

Кто-то придумал акроним для слова GRACE (благодать), который дает неплохое определение благодати:
"Божье богатство через жертву Христа".

Одно из самых известных коротких определений благодати – это «незаслуженное добро от Бога». В Библии для обозначения благодати использовалось греческое слово «хариз». Это слово означало «незаслуженная благосклонность, расположение, которое дарится безвозмездно, щедро, и не является вознаграждением за что-то». В Ветхом Завете для обозначения благодати использовалось еврейское слово, которое означало «наклониться, склониться». Оно подразумевает, что кто-то оказывает благосклонность свыше: *«... и милость Твоя возвеличивает меня» (Пс.17:36).*

Благодать – это то, что Бог делает для человечества с помощью Своего Сына и то, чего человечество никогда не сможет заслужить или заработать. Описывая благодать, библейские авторы называют ее славной *(Ефесянам 1:6),* великой *(Деяния 4:33),* изобильной *(Ефесянам 1:7, 2:7),* многоразличной *(1 Петра 4:10)* и достаточной *(2 Кор. 12:9).* Когда мы изучаем благодать, то из Библии мы узнаем три важных вещи, которыми ее можно описать:

1   Благодать – неотъемлемая черта Бога
2   с благодатью связаны все главные доктрины в Библии
3   благодать должна быть заметна в жизни христиан

Мы сейчас рассмотрим эти три аспекта.

3. А   Благодать – неотъемлемая черта Бога

3.А.1   Вся Библия говорит о благодати Бога

Фразу «благодать Божия» можно встретить в Новом Завете двадцать раз. Эти слова указывают на то, Кто является источником благодати. Его называют *«Богом всякой благодати» (1 Петра*

УРОК 2 — ПОДЕЛИСЬ ЖИЗНЬЮ

5:10), Он правит с *«престола благодати»* (Евреям 4:16). Его Духа называют *«Духом благодати»* (Евреям 10:28-29). О благой вести говорится как о *«евангелии благодати»* (Деян. 20:24). Слово Бога называется *«словом благодати»* (Деян.20:32).

И в Ветхом и в Новом завете содержится доктрина божьей благодати. Если в Ветхом Завете полнота благодати Бога только ожидается, и к ней готовятся, то в Новом Завете она проявляется. Впервые слово «благодать» в Библии употребляется в *Бытии 6:8*, где мы читаем что *«Ной же обрел благодать пред очами Господа»*. Последние слова Библии также говорят о благодати: *«Свидетельствующий сие говорит: ей, гряду скоро! Аминь. Ей, гряди, Господи Иисусе! Благодать Господа нашего Иисуса Христа со всеми вами. Аминь»*. (Откр. 22:20-21).

3.А.2 Иисус – самое главное проявление Божьей благодати

«И Слово стало плотью и обитало с нами, полное благодати и истины; и мы видели славу Его, славу, как Единородного от Отца… И от полноты Его все мы приняли и благодать на благодать, ибо закон дан чрез Моисея; благодать и истина произошли чрез Иисуса Христа». (Иоанна 1: 14, 16-17)

Обращаясь к Титу со словами о первом пришествии Христа, Павел пишет: *«Ибо явилась благодать Божия, спасительная для всех человеков»*. (Титу 2:11) Благодать – это не просто черта характера Бога, благодать – это Личность, Иисус Христос. Иисус Христос не только был Богом, явившимся во плоти, но и благодатью, явившейся во плоти. Он Лично представляет и олицетворяет благодать Бога.

3.Б С благодатью связаны все главные доктрины в Библии

«Ибо благодатью вы спасены через веру, и сие не от вас, Божий дар: не от дел, чтобы никто не хвалился». (Еф.2:8-9)

ПОДЕЛИСЬ ЖИЗНЬЮ УРОК 2

Благодать лежит в основе всего. Какую бы истину или доктрину из Библии мы ни рассматривали, мы столкнемся с ней.

Мы спасены по благодати *(2 Тим. 1:9; Деян 15:8-12)*. Мы прощены, искуплены, усыновлены Богом по благодати (Еф. 1:3-8; Деян 18:26-28). Мы призваны и избраны по благодати *(2 Тим. 1:7-10; Гал.1:6, 13-17; Рим 11:5-6)*. Наша надежда на будущее и уверенность в вечности основаны на благодати *(2 Фесс. 2:15-17; 1 Петра 1:13-15; Рим 5:1-2)*.

Благодать очень дорого стоит. В своем первом послании, где апостол Петр много пишет о благодати *(1:2, 10, 13; 2:19-20; 3:7; 4:10; 5:10, 12)*, он напоминает читателям, что они не искуплены золотом или серебром, которые исчезнут, а *«драгоценною кровью Христа» (1:19)*.

Божественный парадокс потрясает: Бог заплатил огромную цену за благодать, и при этом она совершенно бесплатна для нас. Благодать – это щедрый дар Бога нам, но необыкновенно дорогой.

В *1 Коринфянам 15:10* апостол Павел пишет следующее:

«Но благодатью Божией [я] есть то, что есть; и благодать Его во мне не была тщетна...»

Это свидетельство – очень яркий пример применения благодати в жизни. Отличительный признак ребенка Бога – это то, что – он Его ребенок по благодати.

3.В Благодать должна быть заметна в жизни христиан

«Он [Варнава], прибыв и увидев благодать Божию, возрадовался...» (Деяния 11:23)

Благодать – неотъемлемая часть Бога, благодать – основа нашего спасения и любого щедрого дара нашего небесного Отца, поэтому совершенно нормально, если она будет занимать главное место в жизни христиан, и она должна быть видна во всем, что мы делаем. Когда Варнава приехал в Антиохию, он увидел, что верующие

УРОК 2   ПОДЕЛИСЬ ЖИЗНЬЮ

жили благодатью. Апостолы увидели благодать Бога в Павле и протянули ему руку дружбы *(Галатам 2:9)*. Нас должны узнавать по благодати. Благодать еще иногда называют любовью в действии. Мы приняли ее когда-то от Бога и продолжаем принимать каждый день с избытком, она преображает нашу жизнь и управляет нашими поступками.

К сожалению, не во всех христианах можно наблюдать благодать.

Христианский писатель Дэвид Симонд пишет:

«...существуют две причины эмоциональных расстройств, наиболее распространенных среди евангельских христиан: 1) неспособность понять, принять и впустить в свою жизнь безоговорочную Божью милость и прощение; 2) неспособность явить безоговорочную любовь, прощение и милость другим людям... Мы читаем или слышим о Божьей благодати и верим в нее. Но живем мы не по ней. Мы верим в благодать разумом, но не чувствуем ее душой, она не проявляется в наших отношениях с людьми»[4].

Думаю, будет полезно, если мы посмотрим в Библии, как проявляется благодать в жизни верующих.

3.В.1 Благодать дает нам силу жить преображенной жизнью

«Ибо явилась благодать Божия, спасительная для всех человеков, научающая нас, чтобы мы, отвергнув нечестие и мирские похоти, целомудренно, праведно и благочестиво жили в нынешнем веке». (Титу 2:11-12)

Как в этих стихах, так и в послании *Титу 3:3-8*, Павел описывает четкую связь между доктриной благодати и жизнью христианина. Благодать видно по измененной жизни. Благодать дает нам спасение, но не останавливается на этом, потому что она еще и даст силу для ежедневного освящения верующего. Благодать помогает

---

[4] Дэвид Симандз Исцеление чувств, «Триада», 2001. 190 с.

ПОДЕЛИСЬ ЖИЗНЬЮ — УРОК 2

нам жить по-другому, отворачиваться от безбожных дел и мирских страстей, обладать самоконтролем, жить правильно и делать добро *(Титу 3:8)*. Лучший способ проповедовать неверующим — это своими поступками. Убеждения руководят поведением. Благодать не означает вседозволенность, а силу поступать правильно.

3.В.2 Благодать не позволяет нам ожесточиться, но дает свободу прощать

«Старайтесь иметь мир со всеми и святость, без которой никто не увидит Господа. Наблюдайте, чтобы кто не лишился благодати Божией; чтобы какой горький корень, возникнув, не причинил вреда, и чтобы им не осквернились многие». (Евреям 12:14-15)

Благодать освобождает нас от законничества, которое всегда приводит к негативизму и заражает многих. Мы скатываемся в легализм, когда пытаемся сосредоточиться на том, что мы должны делать для Бога и пренебрегаем тем, что Он сделал для нас и окружающих в Иисусе Христе.

В отношениях с людьми нам необходима благодать; она выражается в терпении, прощении, подчинении и намерении позволить Богу совершать изменения в наших близких. Она освобождает вас от попыток занять место Святого Духа в жизни другого человека. Когда мы растем в благодати, мы тратим меньше времени и сил на контроль над тем, какие решения принимают другие люди; мы терпим больше и критикуем меньше.

В книге Чарльза Свиндолла «Пробуждение благодати» есть стихотворение, в котором говорится, как важно нам научиться давать другим людям свободу совершать собственный выбор.

УРОК 2   ПОДЕЛИСЬ ЖИЗНЬЮ

«Отпусти»

*Отпустить – не значит перестать заботиться
это значит, что я не смогу все делать за него.
Отпустить – не значит самоустраниться;
это значит, я не могу управлять им.
Отпустить – не значит снабдить всеми полномочиями
но позволить научиться на собственном опыте.
Отпустить – значит признать свою беспомощность;
это значит, что я не управляю последствиями.
Отпустить – не значит изменять или обвинять другого;
только я сам могу измениться.
Отпустить – не значит опекать, но заботиться.
Отпустить – не значит исправлять, но поддерживать.
Отпустить – не значит судить,
но позволить другому быть человеком.
Отпустить – не значит, что я всегда должен быть в центре событий и руководить ими, но позволить другим отвечать за свои поступки.
Отпустить – не значит быть наседкой,
но позволить другому столкнуться с реальностью.
Отпустить – не значит отрицать, но принимать.
Отпустить – не значит ругать, спорить или внушать,
это значит находить собственные недостатки
и исправлять их.
Отпустить – не значит, что все нужно подчинять моим желаниям и планам,
это значит принимать каждый день таким, какой он есть.
Отпустить – не значит критиковать и исправлять других,
но пытаться стать таким, каким я себя мечтаю видеть.
Отпустить – не значит сожалеть о прошлом,
но пытаться стать таким, каким я себя мечтаю видеть.
Отпустить – значит меньше бояться и больше любить!*[5]

---

[5] Ч. Свиндолл. «Пробуждение благодати»

3.В.3 Благодать учит нас быть смиренными

«Бог гордым противится, а смиренным дает благодать». (Иакова 4:6; 1 Петра 5:5; Пр. 3:34)

Смирение – это и условие, и результат благодати. Божья благодать помогает верующему понять, что только собственными силами он никогда не сможет ходить пред Богом так, как хочет, потому что такая жизнь требует сверхъестественной силы. Жизнь с Духом, полная благодати, полностью зависит от Бога.

3.В.4 Благодать дает нам сил справляться со сложными обстоятельствами

«довольно для тебя благодати Моей, ибо сила Моя совершается в немощи». (2 Кор. 12:9)

Павел пишет, что был поднят на третье небо, и что жало терзало его плоть, чтобы он не возгордился. Три раза умолял Павел Бога, чтобы Он освободил его от этого жала. В ответ Бог сказал, что Его благодати было достаточно. Если благодати Бога достаточно для нашего спасения, то она может поддержать нас и придать нам сил во времена испытаний и страданий. Бог позволяет нам оставаться слабыми, чтобы мы могли получить Его силу.

3.В.5 Благодать меняет нашу речь

«Со внешними обходитесь благоразумно, пользуясь временем. Слово ваше да будет всегда с благодатью, приправлено солью, дабы вы знали, как отвечать каждому». (Кол. 4:5-6).

В этих стихах слово «благодать» надо понимать так: «приятно, вежливо, обходительно, учтиво, полезно, благотворно, чутко, по-доброму, нежно, мягко, заботливо».

Благодать в нашей речи привлекает других к спасительной благодати Иисуса Христа.

УРОК 2 — ПОДЕЛИСЬ ЖИЗНЬЮ

«И все… дивились словам благодати, исходившим из уст Его». (Луки 4:22)

3.В.6 Благодать помогает нам не жалеть себя ради других

«Уведомляем вас, братия, о благодати Божией, данной церквам Македонским (2 Кор. 8:1)

… Бог же силен обогатить вас всякою благодатью, чтобы вы, всегда и во всем имея всякое довольство, были богаты на всякое доброе дело» (2 Кор. 9:8)

В *8 и 9 главах 2-го послания Коринфянам* апостол Павел пишет о пожертвовании, которое собрали церкви для бедных христиан в Иерусалиме. Он употребляет слово «хариз», благодать, 10 раз. Для Павла благодать и христианская жертвенность тесно связаны, ведь наша щедрость является следствием щедрости Бога, которую мы познали. Если мы по-настоящему понимаем и ценим благодать, проявленную к нам, грешникам, мы захотим, чтобы и другие испытали ее через нашу щедрость. Благодать Бога раскрывает не только наше сердце, но и ладонь, потому что открытое сердце не даст руке сжиматься в кулак. Хотя в этих главах говорится о щедрости в финансах, мы, тем не менее, можем применить этот принцип и к другим сторонам своей жизни (например, мы можем быть щедрыми со временем, заботой, состраданием, любовью). Так как благодать Бога к нам не имеет границ, мы можем быть щедрыми с другими. Через верующих Божья благодать восполняет нужды людей.

Если мы посмотрим, какое место занимала благодать в Библии и в жизни христиан, мы не удивимся тому, что в ранней церкви братья и сестры приветствовали друг друга словами «Благодать вам и мир». Это видно из первых строк посланий Павла и Петра *(Гал 1:3; Еф. 1:2; 2 Тим 1:2; 1 Пет. 1:2; 2 Пет. 1:2).*

ПОДЕЛИСЬ ЖИЗНЬЮ УРОК 2

> **Обсудите:**
> В притче о блудном сыне *(Луки 15:11-32)* Иисус дает нам замечательный пример благодати Бога (отца в этой притче) к Своим детям. Мы также видим, как тяжело жить по благодати и делиться ею с другими. Прочтите эту притчу и обсудите в группе следующие вопросы:
>
> 1. Как проявляется благодать отца к
>   а) младшему сыну; б) старшему сыну?
> 2. Что в этой притче доказывает, что обоим сыновьям было сложно принять благодать своего отца?
> 3. Старший сын не был готов проявить благодать по отношению к младшему брату. Понимаете ли вы это и обнаруживаете ли в себе такое отношение к другим людям?

4   Как обращаться с мусульманами по благодати

Мы увидели с вами, что благодать тесно связана с характером Бога, а потому должна быть отличительной чертой и христиан. Мы хотим применить все то, что узнали о благодати, к своему обращению с мусульманами. Мы должны сменить страх, подозрение, и предрассудки на благодать.

Стив Белл в своей книге *«Благодать для мусульман?»* описывает такое отношение следующим образом:

«желание заставить думать свой мозг, склонный бояться неизвестного; готовность дать другому право сомневаться; усилие понять, почему люди ведут себя иначе»[6].

Если мы хотим обращаться с мусульманами по благодати, мы можем делать следующее:

---

[6] Steve Bell, Grace for Muslim? The journey from fear to faith, (Milton Keynes: Authentic Media, 2006), 1 с.

УРОК 2　　　　ПОДЕЛИСЬ ЖИЗНЬЮ

4.1　Применять Золотое правило.

В нагорной проповеди Иисус поощряет Своих последователей поступать следующим образом:
«Итак, во всем, как хотите, чтобы с вами поступали люди, так поступайте и вы с ними, ибо в этом закон и пророки». (Матф. 7:12)

В послушание Золотому правилу нам нужно:

1) <u>Справедливо относиться к исламу</u>
когда мы оцениваем ислам, мы должны пользоваться теми же критериями, которые хотим, чтобы применяли по отношению к нам: не стоит сравнивать самое худшее в исламе с самым лучшим в христианстве. Например: сравнивая жестокость, проявляемую мусульманами со словами Христа: «Я пришел принести мир» или брак Мухаммеда с библейским взглядом на брак.

2) <u>Знать об ошибках, которые в прошлом совершали христиане</u>
Многие неправильные вещи в истории были совершены под знаменами христианства, которые не всегда совпадают с истинами Библии. Этого не стоит забывать, и надо быть более благосклонными к другим, ведь, как говорится, если живешь в хрустальном доме – не бросайся камнями.

3) <u>Смотреть на намерения мусульман</u>
Когда мы смотрим на разногласия между исламом и христианством, будет полезно задуматься, что было первым намерением Мухаммеда и почему его утверждение противоречит христианскому. Например, многие мусульмане утверждают, что Мухаммед собирался улучшить положение женщин по сравнению с тем, какой их жизнь была в его времена.

Часто говоря о мусульманах в нашей стране, мы думаем, что знаем их намерения, а было бы лучше, если бы мы спросили у них самих.

4) Воздержитесь от стереотипов

Стереотипы сортируют всех людей на категории и дают примитивную картину сложных вещей, когда мы не полностью видим все положение дел. Стереотипы обезличивают людей. Не нужно приписывать всем мусульманам какое-то поведение или мнение только потому, что отдельные мусульмане так себя ведут.

4.2 Любить ближнего мусульманина как самого себя

Народу израильскому был дан закон, чтобы они знали, как вести себя с ближними, с иностранцами на собственной земле, и со своими врагами. Им было сказано любить ближнего как самого себя *(Левит 19:18)* и любить иностранца как самого себя *(Левит 19:34)*. Иисус идет дальше и говорит Своим последователям любить своих врагов *(Матф. 5:44)*. Христиан поощряют делиться любовью Бога с соседями, иностранцами и врагами.

Помимо всего прочего такое отношение означает не оскорблять их, не угнетать и не притеснять их, и пытаться понять *(Исх. 22:21; 23:9)*; по-доброму обращаться с ними, когда они переживают сложные времена *(Исх.23:4-5)*; благословлять их, не мстить и делать им добро *(Рим. 12:14-21; Пр. 25:21-22)*.

4.3 Не лжесвидетельствовать против моего ближнего (мусульманина)

Запрет на ложное свидетельство является одной из десяти заповедей *(Исх. 20:16)*. Значит, говоря об исламе, нам надо быть по возможности наиболее правдивыми. Иногда из-за страха мы начинаем преувеличивать (например, в *13 главе книги Чисел* десять человек из-за страха перед жителями Ханаана дали негативный отчет о своей вылазке с тем, чтобы Израиль не шел в эту землю. Ислам главным образом такой, каким его описывает мусульманин. Надо осторожно толковать Коран и не стоит вырывать стихи из его контекста, либо не принимать во внимание, как эти стихи объясняют ученые мусульмане. Нужно иметь желание выслушать их и попытаться понять, каким они видят мир.

4.4 Желание признать позитивные аспекты ислама

В *Бытии 20:1-18* Авраам думал, что не было никого, боящегося Господа, и с удивлением обнаружил, что помимо его народа, у других людей был настоящий трепет перед Богом (например, царь Авимелех из Герара), и что были люди, которые могли слышать Бога и общаться с Ним.

Другой аспект отношения к мусульманам по благодати – это когда мы готовы признать позитивные аспекты ислама, исламской цивилизации, их истории и культуры. Мы должны узнать и о положительных чертах мусульманства и ислама. Мы должны быть готовыми учиться у мусульман для того, чтобы упрочить свои взаимоотношения с Богом. Нам надо пытаться найти слабые отголоски Божьей благодати в исламе. Нам надо признать тот факт, что что-то делает ислам привлекательной религией в глазах миллионов людей.

4.5 Видеть в мусульманах людей

По Божьей благодати мы сможем увидеть в мусульманах людей особой веры, а не представителей религиозной системы. Когда мы смотрим на женщину под покрывалом, надо напоминать себе, что это Самира, мать детей. Когда мы смотрим на мужчину, он не просто «мусульманин», а Хасан – отец, который пытается заработать на благополучную жизнь для своей семьи. «Мусульманин-гастарбайтер» – это молодой парень по имени Хуссейн или девушка по имени Хадиджа, с большими надеждами на будущее.

Ищите друзей среди мусульман.

ПОДЕЛИСЬ ЖИЗНЬЮ УРОК 2

4.6 Признать, что некоторые обетования в Библии были даны мусульманам

Многие мусульмане называют себя потомками Авраама через его сына Измаила. Конечно сложно доказать, что это относится к ним всем, но стоит признать, что некоторые мусульмане арабского происхождения имеют прямое отношение к этому. Тони Маалуф в книге: «Арабы в тени Израиля» пишет: «Древние записи свидетельствуют о происхождении древних арабов от Измаила» и «к 1 веку нашей эры Измаил стал великим символом для арабских племён».[7]

В таком случае, не стоит забывать, что Бог дал обещание потомкам Измаила. Например, прочитайте обетования Бога Измаилу в *16 главе Бытие* и далее. В *Бытие 17:20* Бог обещает Аврааму ответить на его молитву и благословить Измаила. Да, Бог избрал Исаака (и впоследствии Израиль), но это не означает, что Он полностью отверг Измаила, его потомков и перестал заботиться о них духовно и материально. В Писании мы читаем, как Бог обращался по благодати с Агарью и Измаилом. В Бытие 25:13-18 перечислены имена сыновей Измаиловых таких как **Наваиоф, Кедар.**

Также в Библии есть несколько пророчеств относительно арабских народов, потомков Измаила:

«Пойте Господу новую песнь, хвалу Ему от концов земли, вы, плавающие по морю, и все, наполняющее его, острова и живущие на них. Да возвысит голос пустыня и города ее, селения, где обитает **Кидар**; да торжествуют живущие на скалах, да возглашают с вершин гор». (Исаия 42:10-11)

«Множество верблюдов покроет тебя – дромадеры из **Мадиама и Ефы**; все они из **Савы** придут, принесут золото и ладан и возвестят славу Господа. Все овцы **Кидарские** будут собраны к

---

[7] Tony Maalouf, Arabs in the Shadow of Israel, (Grand Rapids MI: Kregel Publications, 2003), 45 с.

УРОК 2 — ПОДЕЛИСЬ ЖИЗНЬЮ

тебе; овны **Неваифоские** послужат тебе: взойдут на алтарь Мой жертвою благоугодною, и Я прославлю дом славы Моей». (Исаия 60:6-7)

Мудрецы, которые пришли с востока поклониться новорождённому Иисусу, Царю иудеев, скорее всего, были арабами.

> «Дары, принесённые волхвами Царю Иудеев означают главным образом арабские источники богатства. Арабы были главными производителями и перевозчиками фимиама и золота в течение столетий до Христа. Каждый год они дарили персидскому царю 30 тонн благовоний в знак преданности. Пророчество, записанное в Исаии 60:1-7 предсказало то, что народы принесут богатства, в первую очередь, арабы, к Мессии в Иерусалиме на заре появления Мессианского света над Израилем. Таким образом, естественно видеть арабских волхвов, показывающих преданность Царю Царей.»[8]

Господь действует в мусульманском мире. Мусульмане приходят ко Христу по всему миру. Бог открывает им Себя через сны и видения. Во многих частях исламского мира растет Церковь.

Исаия пророчествовал против земли и племени Куш, которое, по мнению современных ученых, было арабским племенем и сегодня соотносится с Суданом. Исаия называет их *«крепким и бодрым народом, страшным, рослым, все попирающим, которого землю разрезывают реки». (Исаия 18:2).*

Он завершает свое пророчество прекрасным обетованием, а именно, что эти страшные и грозные люди придут к Господу всемогущему с дарами:

«В то время будет принесен дар Господу Саваофу от народа крепкого и бодрого, от народа страшного от начала и доныне, от народа рослого и все попирающего, которого землю разре-

---

[8] Tony Maalouf, Arabs in the Shadow of Israel, (Grand Rapids MI: Kregel Publications, 2003).

ПОДЕЛИСЬ ЖИЗНЬЮ   УРОК 2

зывают реки, к месту имени Господа Саваофа, на гору Сион». (Ис. 18:7)

Сложно ли нам поверить, что даже самые страшные люди, например, радикальные мусульмане, могут со временем прийти к всемогущему Господу с дарами почтения и поклонения?

Домашнее задание.

1. Прочитайте несколько раз притчу о блудном сыне (Лука 15:11-32). В ком из трех персонажей вы узнаете себя (отец, младший сын или старший сын)? Как каждый из них получал и отдавал благодать. Как именно вам нужно возрастать, чтобы становится похожими на отца, особенно в проявлении благодати?

2. В течение следующей недели молитесь молитвой святого Франциска:

Молитва Святого Франциска Ассизского

Господь, сделай меня инструментом мира в Твоих руках,
Там, где ненависть, дай мне сеять любовь;
Там, где несправедливость – прощение;
Там, где сомнение – веру;
Там, где отчаяние – надежду;
Там, где тьма – свет;
Там, где печаль – радость.

О Божественный Властитель, позволь, чтобы я не искал утешения, но утешал;
Не искал понимания, но понимал;
Не искал любви, но любил.

Ибо отдавая, мы приобретаем;
Прощая, мы находим прощение;
И умирая, мы рождаемся в вечную жизнь.

УРОК 2 ПОДЕЛИСЬ ЖИЗНЬЮ

Информация о Франциске Ассизском

Франциск Ассизский (1182 – 226) был итальянским католическим монахом и проповедником. Он основал католический монашеский орден. Когда крестоносцы пришли на Ближний Восток, чтобы сражаться с мусульманами, Франциск ходил по землям Ближнего восток как проповедник благодати. Он рассказывал евангелие Султану, генералу мусульманской армии. Вот такими словами описывает Франциска Стив Белл: «Христианин который умел держать баланс между политическим реализмом и благосклонным отношением к мусульманам».

Кристин А. Малоухи в своей книге «Борясь за мир с Исламом» приводит Франциска в пример того, как мы должны поступать с мусульманами во время взаимной вражды. «Когда ответ на молитву Франциска Ассизского проявляется через нас, мы способны «все покрывать, всему верить, всему надеется, все переносить» (1 Кор. 3:17). Это больше библейский ответ, чем человеческая реакция на мусульман.»[9]

---

[9] Christine A. Mallouhi, *Waging Peace on Islam*, (London: Monarch Books, 2000)

УРОК 3   ПОДЕЛИСЬ ЖИЗНЬЮ

УРОК 3: УЧИМСЯ ПОНИМАТЬ МУСУЛЬМАН

Цель: узнать основные принципы и правила ислама.

1 Введение

Мы задумались о своем отношении к исламу и мусульманам и хотим обращаться с ними по благодати. Сейчас мы уже готовы воспринимать информацию о том, что представляет собой ислам как религия. В предыдущем уроке мы узнали, что один из аспектов обращения с мусульманами по благодати – это попытка посмотреть на ислам глазами мусульман. Поэтому в содержании этого урока мы используем материалы из исламских книг, а также мы проконсультировались с имамом (религиозным наставником в исламе).

2 Пророк Иона в исламе

В одном из предыдущих уроков мы говорили о пророке Ионе с точки зрения Библии. В этом уроке мы узнаем, что Иона известен и в исламе. Согласно традиционному учению этой религии, могила пророка Ионы (который по-арабски называется «наби Юнус») находится в городе Мосул, в 400 км на север от Багдада в Ираке. В так называемой мечети Юнус находится могила Ионы, украшенная костями кита.

A *Ссылка на Иону в Коране.*

И имя, и история Ионы упоминается в следующих стихах Корана:

Сура (глава) 4:163; 10:98-100; 21:87-88; 37:138-148; 68:48-50

Сура 10 называется его именем. В Суре 21:87-90 Иона называется «человек из рыбы», а Сура 68:48-50 называет его «человек в ките».

«Итак, жди с терпением Повеления твоего Господа, и не будь как Спутник из Рыбы, когда он воззвал в агонии. Если бы Благодать его Господа не спасла его, он был бы выброшен на берег с позором. Итак, его Господь избрал его и впустил его в Общество Праведных». (Сура 68:48-50)

«и помни Зун-нун, когда он ушел в гневе: он вообразил, что Мы над ним не имели власти! Но он воззвал из глубины тьмы: "Нет другого бога, кроме тебя, слава тебе, я был неправ!" И Мы послушали его и избавили его от печали: и так Мы избавляем тех, кто имеют веру». (Сура 21:87-88)

«Также и Иона был среди посланных (Нами). Когда он бежал (как раб из плена) на корабль груженный. Он согласился бросить жребий, и был осужден. Тогда большая Рыба проглотила его, и он совершил поступки, заслуживающие порицания. Если бы он не покаялся и не прославил Аллаха, он бы точно остался в Рыбе до Дня Воскресения. Но Мы выбросили его на берег больного. И Мы вырастили над ним растение из семейства тыквенных. И Мы послали его к ста тысячам или более людей. И они уверовали, поэтому Мы позволили им радоваться жизни какое-то время». (Сура 37:138-148)

«Почему не было более ни одного уверовавшего города (среди тех, что Мы предупредили), ведь его вера пошла бы им на пользу, кроме только народа Ионы? Когда они уверовали, Мы удалили от них наказание бесчестья в этой жизни, и позволили им радоваться жизни какое-то время. Если бы была на то воля Бога, они бы все уверовали — все, живущие на земле! Призови человечество, против их воли, уверовать! Ни одна душа не сможет верить, если не будет на то воли Аллаха, и Он поселит сомнение в тех, кто не понимает». (Сура 10:98-100)

УРОК 3　　　　　ПОДЕЛИСЬ ЖИЗНЬЮ　　

Б   Обобщение учения ислама об Ионе.

Основываясь на текстах вверху, а также на исламских традициях (текстах «Хадисы» — записи о том, что сказал и сделал Мухаммед), мы можем так обобщить исламское учение об Ионе:

Иона был пророком, посланным Богом к собственному народу в городе Ниневии. Жители Ниневии были идолопоклонниками, ведущими бесстыдный образ жизни. Иона был послан к ним, чтобы научить их поклоняться Аллаху. Народу не понравилось, что он осуждает их образ жизни, и они стали спорить с ним, говоря: «Мы и наши праотцы многие годы поклонялись этим богам, и никакое зло не коснулось нас». И как Иона ни старался убедить их в том, что язычество было злом, а поклонение закону Аллаха — добром, они игнорировали его. Иона предостерег их, что если они будут упорствовать в своей глупости, вскоре последует наказание Аллаха. Вместо того чтобы всерьез принять его слова, ниневийцы ответили Ионе, что не боятся его угроз. Иона отчаялся и покинул Ниневию, в страхе, что на город вскоре обрушится гнев Аллаха.

Не успел он выйти из города, как небо изменилось в цвете и стало казаться, что оно охвачено огнем. При виде этого людьми овладел страх. Они вспомнили уничтожение жизни на земле во времена Ноя. Они все собрались на горе и стали умолять Аллаха простить их. Аллах смилостивился над ними и вновь окружил их своими благословениями. Когда ненастье прошло, народ Ниневии стал молиться, чтобы Иона вернулся и стал их наставником. В то время Иона, вместе с другими пассажирами, взошел на небольшой корабль и отправился в плавание. Весь день море было спокойным, но когда наступила ночь, море внезапно заштормило. Ужасный ветер дул так, что казалось, корабль разобьет в щепки. Капитан приказал выбросить балласт за борт. Они выбросили весь свой багаж, но этого оказалось недостаточно. Нужно было избавляться от балласта, и поэтому люди на корабле согласились, что для спасения остальных необходимо выбросить за борт хотя бы одного пассажира. Капитан приказал записать имена всех пассажиров, и,

ПОДЕЛИСЬ ЖИЗНЬЮ УРОК 3

на чьё имя выпадет жребий, того выбросят в море за борт. Жребий пал на Иону. Так как он был самым уважаемым из всех пассажиров на корабле, его не хотели выбрасывать в разъярённое море. Поэтому решили тянуть жребий опять. Во второй раз он выпал на Иону. Тогда решили, что он должен тянуть жребий в третий раз и, к несчастью для Ионы, его имя появилось и в третий раз. Было решено, что Иона должен был сам выброситься за борт. Барахтающегося в волнах Иону нашёл и проглотил кит. Три слоя тьмы окутали Иону, один над другим — тьма в желудке кита, тьма глубины моря и тьма ночи. Иона обратился с молитвой к Аллаху. Аллах увидел искреннее раскаяние Ионы, и кит изрыгнул его на берег удалённого острова. Тело Ионы ломило из-за кислого желудочного сока кита. Иона был болен, и когда взошло солнце, его лучи стали жечь и без того воспалённую кожу так, что он был готов кричать от боли. Однако он терпел боль и продолжал свои молитвы к Аллаху. Аллах сделал так, что над Ионой выросла достаточно длинная лоза и укрыла его в своей тени. Аллах исцелил и простил Иону. Постепенно Иона обрёл силы и нашёл дорогу назад домой, в Ниневию. Он с радостью обнаружил, что в его городе произошли перемены. Все горожане вышли встречать его с вестью о том, что уверовали в Аллаха, и они все вместе вознесли молитву благодарности Милосердному Богу.

В Иона в жизни современных мусульман

Для многих современных мусульман Иона — это человек, с которым они могут себя отождествить:

a. студент-мусульманин написал в интернете, что если кто-то хочет хорошо сдать экзамен, им нужно молиться молитвой Ионы, когда тот находился в желудке у кита;

b. в ответ на вопрос двух девочек-мусульманок, можно ли им убежать из дома, один имам в интернете написал, что побег из дома — это тема, о которой говорится в Коране и ссылается на Иону. Он пишет: «Пророк Юнус пытался убежать из «дома» (так как это было место, куда Бог призвал его). В

УРОК 3   ПОДЕЛИСЬ ЖИЗНЬЮ

наказание Аллах сделал так, что Юнус был съеден китом и провел в его желудке 40 дней. Аллах простил его, и Юнус обрел вторую жизнь».

c. В одной из проповедей имам приводит Иону в качестве примера, когда человек, находящийся в глубокой тьме, готов покориться (что означает слово «ислам») Богу.

> **Обсудите:**
> 1. Что кажется вам значительным, когда вы сравниваете библейское повествование об Ионе с рассказом в Коране и в исламской традиции?
> 2. Как вы можете объяснить сходства и различия?

НЕКОТОРЫЕ АСПЕКТЫ ИСЛАМА

1   Зарождение ислама

Хотя ислам стал существовать как отдельная религия в 6 веке н.э., мусульмане утверждают, что корни ислама уходят в более древние времена. Мы читаем следующее в Суре 3:67: «Авраам не был ни евреем, ни христианином, но был склоняющимся к истине, мусульманином [подчиняющийся Аллаху]. И он не верил во множество богов».

Слово «ислам» означает «подчинение», и слово «мусульманин» означает «тот, кто подчиняется Богу». Авраама считают Отцом Пророков, и многие мусульмане верят, что они потомки Авраама через его сына Измаила. Измаил занимает важное место в исламской традиции.

2   Мухаммед

Мухаммед был рожден в 571г. в Мекке (на территории современной Саудовской Аравии). Его отец умер еще до его рождения, а его мать умерла, когда ему было шесть лет. Когда Мухаммеду

ПОДЕЛИСЬ ЖИЗНЬЮ   УРОК 3

было 25 лет, он женился на вдове по имени Хадиша. Как утверждают мусульмане, с 40 лет Мухаммед стал получать откровения от Бога (Аллаха). Он был убежден, что шел по стопам таких пророков, как Моисей, Давид и Иисус. Как последний пророк он должен был призвать людей поклоняться одному единственному истинному Богу. Жители Мекки в то время были язычниками. Мухаммед пригласил их в ислам (= подчинение Богу). Некоторые из них последовали за ним, и их стали называть мусульманами, а другие отвергли его. Постепенно число его последователей росло. Сначала Мухаммед и его ученики испытывали гонения со стороны жителей Мекки, и через 12 лет (в 622г. н.э.) Мухаммед и последователи переехали в город Ятриб (который позже стал называться Медина, что значит «город пророка»). Понять, насколько важным это событие стало для ислама, нам поможет тот факт, что исламский календарь начинает отсчет с этого времени. В Ятрибе Мухаммеда и его людей приняли с гостеприимством, и вскоре он стал не только духовным руководителем, но и политическим лидером города, где и утвердил первое мусульманское государство. В последующие годы число его сторонников стремительно росло. В 632г. н.э. в возрасте 63 лет Мухаммед умирает, а Коран называет его «благословением для человечества» (21:107) и «хорошим примером» (33:21). После смерти Мухаммеда все его высказывания собрали в книгу и озаглавили ее Коран. Также другие его высказывания и примеры были собраны в собрание книг под названием «Сунна».

3   Распространение ислама.

На момент смерти Мухаммеда в 632г. н.э. мусульмане жили в основном в Саудовской Аравии, но за несколько лет эта религия распространилась на север (Сирия, Иордан), на восток (Иран и Ирак), и на запад (Египет, Алжир). Примерно к 750 году вся северная Африка и даже Испания находились под исламским правлением. Более 1500 других территорий в Африке и Азии, включая Индонезию, также стали исламскими. В 14 веке в Турции начала

УРОК 3　　ПОДЕЛИСЬ ЖИЗНЬЮ

существование исламская Оттоманская империя. Эта империя оказала огромное влияние на Ближний Восток и Центральную Европу на долгие века, а также повлияла на проникновение религии в Центральную и Восточную Европу, в частности, в Албанию и Боснию.

На сегодняшний день, ислам является главной религией в сорока странах мира. Арабы составляют около 20% всех мусульман в мире. Можно насчитать большое количество мусульман в Индонезии (196 миллионов), в Пакистане (166 млн.), в Бангладеш (150 млн.), в Индии (150 млн.), в Нигерии (70 млн.), в Турции (70 млн.), и в Иране (68 млн.) Во всей Европе, включая Россию, проживает около 50 млн. мусульман.

4 Во что верят мусульмане

В исламском вероучении существуют шесть основополагающих постулатов:

1) Аллах (Бог)
2) Ангелы
3) Священные Писания
4) Пророки
5) Судный День
6) Предопределение

5 из них упомянуты в Суре 2:177.

Три постулата ислама – это

a) *Таухид* – один Аллах
b) *Рисала* – откровение через пророка
c) *Ахирах* – жизнь после смерти

a Таухид

Таухид – самое важное утверждение ислама. Мусульмане верят, что все существующее произошло от одного единственного Создателя, кто поддерживает существование всего сущего и является единственным Руководящим Источником. Это утверждение должно управлять всеми сферами жизни человека. Признание этой основной истины приводит к особому взгляду на жизнь, когда невозможно отделить духовную жизнь от повседневной. Бог (Аллах) – единственный источник Силы и Власти, и ему надо поклоняться и подчиняться. У него нет партнеров – Таухид признает только одного единственного бога. Аллах не рождался, и у него нет сына или дочери. Человек – существо подвластное богу. Он – Единственный, Он – Вечный, Он – Первый и последний, и никто не сравнится с Ним. Принятие Таухида на веру приводит к радикальному изменению жизни мусульманина. Он поклоняется только Аллаху, который видит все его поступки. Он обязан стараться применять законы Аллаха во всех сферах своей жизни, чтобы угодить Ему.

б Ризала

Ризала – откровение через пророка или посланника. Мусульмане верят, что Бог (Аллах) не оставил человека один на один с жизнью. С сотворения самого первого человека Аллах говорил с человечеством и открывал Себя через пророков. Пророки, получившие книги с наставлениями от Аллаха, называются посланниками. Все пророки и посланники проповедовали одно, они призывали своих современников подчиняться и поклоняться только Аллаху, и никому другому. Когда люди начинали искажать смысл учения пророка, Аллах присылал другого пророка, чтобы наставить их на Путь Истинный. *Ризала* началась с Адама, после него были Ной, Авраам, Измаил, Исаак, Лот, Иаков, Иосиф, Моисей, Давид, Иисус. Мухаммед был последним в цепочке пророков, посланных Аллахом человечеству. Книги откровений от Аллаха людям включают следующие: Тора, Псалмы (Забур), Евангелие (Инджил) и Коран. Коран, данный как откровение пророку Мухаммеду, стал последней книгой.

УРОК 3   ПОДЕЛИСЬ ЖИЗНЬЮ

в   **Акира**

Акира означает жизнь после смерти. Это убеждение имеет глубокий смысл в жизни мусульманина. Они верят, что мы все предстанем перед Аллахом в День Суда и дадим отчет за все, что сделали в жизни. Человеку, послушному и поклоняющемуся Аллаху, в качестве награды будет отведено место счастья в раю; человека, который этого не делал, отправят в ад – место наказания и страдания. Аллах знает каждую нашу мысль и намерение, а ангелы записывают все наши поступки. Если мы всегда будем помнить об этом, мы станем пытаться поступать по воле Аллаха. Мусульмане убеждены, что можно было бы избавиться от множества современных проблем, если бы помнили об этом и поступали соответственно.

5   Основные религиозные обязанности в исламе

У мусульман есть пять основных обязанностей, которые еще называют «столпами ислама». Мусульмане верят, что если эти обязанности исполнять регулярно, правильно и искренне, жизнь человека преображается, и человек живет в соответствии с волей своего Создателя. Последовательное исполнение этих обязанностей должно вдохновить мусульманина на то, чтобы развивать справедливость, равенство и праведность в обществе, и бороться с несправедливостью, притворством и злом.

а   **Шахада**

Мусульманин должен вслух, сознательно и по собственному желанию произносить заявление, которое звучит так: *La ilaha illallahu Muhammadur rasulullah* «Нет бога, кроме Аллаха и Мухаммед – Посланник Аллаха».

Это заявление содержит два основных принципа ислама – Таухид и Ризала.

Остальные четыре обязанности вытекают из этого заявления.

Б. Намаз – обязательная молитва

Молитва должна возноситься пять раз в день, либо в собрании других людей, либо индивидуально. Молитва – это выражение веры на практике, и позволяет мусульманину постоянно оставаться в общении со своим Творцом. По утверждению мусульман, пятикратная молитва приносит благословения, как в настоящее время, так и на долгое будущее. Пятикратная молитва помогает мусульманину добиваться правильного порядка в обществе и избежать зла, фальши и непристойного поведения. Она развивает самоконтроль, упорство и послушание истине, что, в свою очередь, порождает терпение, честность и честность в поступках.

Пять молитв имеют каждая свое название. *Фаджр* возносится перед восходом солнца; *Зухр* в середине дня; *Аср* между серединой дня и заходом солнца; *Магриб* сразу после захода солнца; *Иша* ночью до утренней зари.

Мусульмане считают, что пятикратная молитва дает прекрасную возможность улучшить свою жизнь. Они еще называют ее системой духовного, морального и физического воспитания, которое делает мусульманина по-настоящему послушным своему Творцу.

В. Закят – выплата очистительного пожертвования

Каждый мусульманин обязан откладывать средства в течение года и делать взносы. Само слово означает «очищение», а взнос составляет 2,5% от стоимости всех денег, украшений и драгоценных металлов, которыми обладает мусульманин. К животным, растениям и минеральным веществам применяются свои требования. Закят нельзя назвать ни благотворительностью, ни налогом: благотворительность осуществляется по личному желанию, а налоги могут быть использованы для любых потребностей общества. Закят можно использовать только для помощи бедным и нуждающимся, инвалидам, угнетенным, должникам – все эти категории людей упомянуты в Коране и Суннах. Закят считается одним из видов поклонения богу. Считается, что это один из основных принципов экономики исламских стран, в которой у каждого есть право поделиться. Закят надо выплачивать с убеждением, что все наше богатство и имущество принадлежат Аллаху, а нам оно лишь дано на время.

г   Саум (обязательный пост)

Во время месяца Рамадана, девятого в исламском календаре, мусульмане обязаны соблюдать пост. От рассвета до заката солнца мусульманин должен воздерживаться от воды, питья, курения и интимных отношений с супругом/ супругой, и искать только возможности угодить Аллаху. Мусульмане утверждают, что этот пост помогает верующему утвердиться в своих моральных и духовных принципах и помогает защитить себя от эгоизма, жадности и других пороков. Этот пост считают ежегодной программой воспитания, которая помогает мусульманину утвердиться в намерении исполнять требования своего Творца и Бога.

д   Хадж (паломничество к Дому Аллаха)

Хадж – это ежегодное событие, которое каждый мусульманин должен совершить хотя бы раз в жизни, если у него есть на это финансовые средства. Это паломничество в Дом Аллаха (Аль-Каба) в Мекке, которая расположена в Саудовской Аравии. Совершается паломничество в месяц зульхиджа, двенадцатый месяц исламского календаря. Для мусульман *хадж* означает единство человечества, когда мусульмане из каждого народа и страны собираются в равенстве и смирении, чтобы поклониться Богу.

Мусульмане говорят, что когда паломник, одетый в ритуальные одежды под названием ихрам, совершает хадж, он испытывает непередаваемое чувство присутствия своего Творца, которому он принадлежит, и к которому должен вернуться после смерти.

6 Авторитетные источники ислама

Мусульмане находят ответы на все свои религиозные вопросы в двух наиболее важных источниках – Коране и Сунне, хотя есть еще некоторые традиционные учения, диктующие поведение мусульман.

а Коран

Коран – священная книга мусульман. Они убеждены, что он является последней книгой откровения, ниспосланной Аллахом Мухаммеду через ангела Гавриила (Джибрил по-арабски). Они верят, что каждое слово в Коране вдохновлено богом. Коран был постепенным откровением, которое Мухаммед получал на протяжении 23-х лет на арабском языке, и содержит 114 глав (Сур), в которых более 6000 стихов. Мусульмане учатся декламировать его по-арабски и многие выучивают его наизусть. Предполагается, что мусульмане будут стараться понять Коран и исполнять все, что там написано. Мусульмане считают, что ни одна другая книга не сохранилась лучше, чем Коран; что его учение покрывает все сферы жизни и жизни после смерти. В нем содержатся принципы, учение и указания на каждый жизненный случай. Темы Корана можно поделить на три основных части: Таухид, Ризала и Акира. По убеждению мусульман, успех человеческой жизни на земле и в загробной жизни зависит от веры и послушания учению Корана.

б Сунна

Сунна – это пример пророка Мухаммеда. Они перечислены в книгах под названием Хадисы, которые представляют собой не что иное, как высказывания и хроники поступков пророка, а также поступков, которые он одобрял. Эти тексты объясняют, как толковать Коран и применять его в жизни. Мусульмане утверждают, что после смерти Мохаммеда его высказывания были записаны с особой тщательностью и аккуратностью. Из них шесть томов име-

УРОК 3 ПОДЕЛИСЬ ЖИЗНЬЮ

ют наибольшее значение и считаются самыми точными: аль-Бухари, Муслим, Тирмизи, Абу Дауд, Ан-Насаи и Ибн Маджа.

Там описываются такие правила, как когда и как молиться, какие ритуалы проводить в праздники, как заниматься бизнесом по исламу, передавать и принимать наследство, давать обеты и обращаться с отступниками от веры, и тому подобное.

в Традиции исламского закона (Шариат)

Ислам суннитов признает четыре религиозных школы закона, которые лежат в основе исламской юриспруденции. Эти течения называются по именам их основателей:
1) ханафизм – (ей следуют в основном в Турции, на Балканах, в Центральной Азии, Индии, Пакистане и Бангладеш)
2) школа маликизм (в основном, в Северной Африке)
3) шафиизм (в Йемене, Египте, Сирии, Юго-Восточной Азии и Восточной Африке)
4) ханбализм (в основном в Саудовской Аравии).

Учения этих школ отличаются не основами исламской веры, а тонкостями трактовки религиозных текстов.

Так, отличия есть в том, как трактуется
a) учение Корана
b) Сунны
c) согласие между религиозными учеными
d) сходства обстоятельств во времена Мухаммеда
e) здравый смысл.

Шариат – это арабское слово означающее «дорога к пажити или колодцу» Это метафорическое описание спасения. Шариат происходит из 4 источников:
a) принципы, изложенные в Коране
b) примеры жизни Мухаммеда в Сунне
c) нормы, выработанные в правовых школах
d) суждение по аналогии (сравнение с чем-то схожим) из Корана и Сунны.

Отличия между различными направлениями в исламе заключается в трактовке тех или иных положений Шариата. Модернисты, традиционалисты и фундаменталисты имеют разные взгляды на законы Шариата, также как и последователи религиозно-правовых школ. Трактовка шариата различается и по разным странам и культурам.

Шариат содержит как религиозные, так и юридические нормы. Он раскрывает аспекты, касающиеся светского законодательства, включая правонарушения, политику, экономику. Кроме этого, вопросы сексуальных отношений, гигиены, молитвы, поста рассматриваются с точки зрения шариата. В связи с тем, что многие мусульмане живут в немусульманских странах, меняются законы ислама. Среди мусульманских богословов в Европе ведутся дискуссии по поводу того как требования шариата привести в соответствие с нормами Европейской системы права.

7   Различные конфессии внутри ислама

В мире примерно 1,5 миллиарда мусульман, и в исламе можно выявить несколько разных течений. Самые важные группы – это сунниты и шииты. Около 80% всех мусульман составляют сунниты. Вторая по величине группа мусульман (15%) – это шииты.

Они находятся в основном в Иране и Ираке, но также и в других странах. Самое главное различие между этими конфессиями состоит в том, что шииты признают Али, зятя Мухаммеда и других его родственников в качестве имамов и законных наследников политической и религиозной власти в исламском мире. Многие шииты верят, что существует непорочный имам, воплощение бога на земле, который обладает сверхъестественным знанием. Они ожидают возвращения 12-го имама, который исчез в 869 г. н.э., и что по возвращении он принесет мировое господство ислама.

Помимо этих основных течений в исламе есть еще несколько небольших. Мы упомянем только самые важные из них. Некоторые течения мусульмане не считают истинными.

УРОК 3　　　　　　　　　ПОДЕЛИСЬ ЖИЗНЬЮ　　

А　Ахмадия

Мусульманское сообщество Ахмадийя (МСА) — это быстро развивающееся движение возрождения внутри ислама. Оно было начато в 1889г. Мирзой Гулам Ахмадом (1835 – 1908), который утверждал, что получил божественные откровения, и которого принимают за Мессию. Ахмад утверждал, что он — воплощение второго пришествия Иисуса из Назарета, и что он божественный посланник, чье пришествие было предсказано Мухаммедом. МСА заявляет, что Бог прислал Ахмада, как и Иисуса, закончить все религиозные войны в мире, осудить кровопролитие, восстановить моральные ценности, справедливость и мир. Его последователи говорят, что Ахмад очистил ислам от фанатизма, настойчиво проповедуя основные и истинные учения этой веры. МСА признает учения Зороастра, Авраама, Моисея, Иисуса, Кришны, Будды, Конфуция, Лао Цзы и гуру Нанака и утверждает, что все эти учения сливаются в одно в истинном исламе. Штаб-квартира МСА находится в Великобритании, и это течение насчитывает около десяти миллионов последователей по всему миру.

Б　Бахаисты

Направление Бахаизма было основано в 1844г. на территории современного Ирана, когда Али Мухаммед (которого называют Бахаулла) объявил себя «воротами» (Баб). Основное учение Баха Уллы сводилось к единству. Он учил, что есть только один истинный Бог, одна человеческая раса, и что все мировые религии лишь отражают различные ступени божьего откровения об его воле и намерений относительно человечества. Бахаисты верят в единство бога и человека, равенство полов, гармонию между наукой и религией, и право на независимый поиск истины. Они не считают, что Мохаммед был последний и самый великий пророк, но скорее, что он был один из многих пророков. Они признают, что Коран является книгой откровений, но не самой последней и главной, а одной из многих вместе с книгой Баха Уллы. Считается, что в мире примерно 7 миллионов бахаистов. Часто другие мусульмане называют бахаистов вероотступниками, и поэтому их преследуют и подвергают гонениям в некоторых исламских странах.

В   Салафиты

Салафия — это ответвление суннитской ветви ислама, приверженцы которой считают, что праведные предки (Салаф) из раннего ислама должны быть образцом для подражания у мусульман. Арабское слово «салаф» означает «предшественник, предок». К таковым мусульмане чаще всего относят первые три поколения мусульман. Эти три поколения должны быть примером для подражания. Понятие Салафизм часто заменяют термином Вахабизм, который произошел от имени Мухаммад ибн Абд аль-Ваххаб (1703 – 1787), и его считают основателем этого движения, хотя многие и утверждают, что салафизм был начат самим пророком Мухаммедом. В корне салафизма лежат пуританские традиции. Они буквально толкуют Коран и отвергают все, что не связано с оригинальными источниками. Это движение имеет очень сильное влияние в Саудовской Аравии и пытается использовать огромное богатство, которым обладает эта страна для того, чтобы распространить свое влияние по всему миру.

Г   Суфизм

Суфизм является мистическим ответвлением ислама. Зародился он еще на ранних стадиях ислама. Его подвижники называются суфиты. Слово «суфии» часто связывают с арабским словом «суф», что означает «шерсть», которое использовалось для простых одежд, которые насилии аскеты раннего мусульманства. Есть и другое толкование этого слова, что название произошло от арабского слова «сафа», что означает «чистота», так как суфизм самым важным считает чистоту сердца и души. Хотя суфиты признают Коран и Сунны, они больше внимания уделяют своему внутреннему миру, тайне единения с Богом, и меньше — внешнему исполнению религиозных ритуалов. Согласно суфизму, основой религии должна быть любовь к Богу. Мы должны любить Бога за то, кем он является, а не потому, что он может вознаградить или наказать. Часто они называют Бога Вечным Возлюбленным. Многие суфиты ищут мистического союза с богом или прямого общения с ним через танцы, музыку, цитирования стихов из Корана или исламской поэзии, с помощью которых они надеются достичь состояния экстаза.

Д   Алевиты

Около 15 миллионов мусульман являются алевитами. Больше всего это течение распространено в Турции, немного алевитов проживают в Сирии, Иране, Ираке. Сложно сделать однозначные утверждения о их вере, так как существуют разные убеждения среди тех, кто называет себя алевитами. Алевизм имеет ряд сходств с бекташизмом на Балканском полуострове.

Алевиты являются последователями Али (зятя Мухаммада) и считают Али преемником Мухаммада. Многие алевиты приравнивают Мухаммада к Али и используют одно имя Мухаммад Али. Некоторые приверженцы этого течения убеждены, что их вера – это смесь лучшего из Ислама, христианства, иудаизма, манихейства, зороастризма, шаманизма и гуманизма 20 века. Почти все алевиты отрицают, что Бог – один, кто вознаградит вечной радостью на небесах тех, кто следует его правилам на земле.

Алевиты толкуют Коран эзотерически, мистически. Они считают, что духовных истин больше в Коране, чем в строгих правилах. Не считая книг, возможно, самым важным источником убеждений являются мистические стихотворения и музыкальные баллады, которые передавались из поколения в поколение. Многие из них не представлены в письменной форме. Верующие встречаются для поклонения через эти стихотворения и баллады. Во время этих встреч они стремятся сформировать более глубокие отношения с лидером встречи или Богом. Служение в основном состоит из молитвы лидера, небольшой религиозной проповеди, пения как соло, так и общего. Другим ключевым элементом служения является танец, в котором участвуют специально отобранные мужчины и женщины. Число танцоров может меняться. Собрание проходит только на турецком языке, включая молитвы и пение.

Последователи алевизма не воспринимают Бога, как сурового судью, оценивающего человека по его выполнению религиозных обязанностей на земле. Алевиты не склоны ни молиться 5 раз в день, ни поститься во время Рамадана. Вместо этого, они соблюдают 12-дневный пост во время первого месяца мусульманского календаря. Хотя, алевиты не совершают паломничество в Мекку, распространенным является посещение и молитва на могилах святых Алеви-Бекташи. Женщины, исповедующие алевизм, поклоняются вместе с мужчинами и могут носить современную одежду.

Е   Народный ислам

Хотя его и нельзя назвать течением внутри ислама, мы не можем оставить его без внимания. В повседневной жизни мусульман религиозные убеждения тесно сплетены с предрассудками и традициями, которые имеют свои истоки еще в древней культуре, до развития ислама. Это всевозможные приметы и традиции, относящиеся к рождению, взрослению, браку, похоронам и т.д. Среди них можно назвать попытки защититься от сглаза и прочее. Когда женщина бесплодна, она может обращаться с молитвой к мусульманскому святому, который умер. Большое значение люди придают снам, предсказаниям, благословениям и проклятиям, и считают это неотделимой частью своей повседневной жизни.

8   Культура и обычаи в исламе

Если мы хотим завести дружбу с мусульманами, очень важно знать основные вещи об исламской культуре и обычаях. Конечно, у мусульман в разных странах они будут чем-то отличаться, и мы не сможем вам рассказать подробно, какие они у мусульман в вашей стране. Поэтому важно, чтобы вы разговаривали со своими друзьями – мусульманами и пытались в разговоре узнать о них

УРОК 3   ПОДЕЛИСЬ ЖИЗНЬЮ

как можно больше. Здесь мы попытаемся рассказать вам о самых распространенных традициях.

А   Исламский календарь

Летоисчисление по исламскому календарю ведется с 622г. н.э. Год состоит из 12 лунных месяцев. Лунный год примерно на 11 дней короче нашего солнечного года. Поэтому точные даты праздников всегда меняются, и иногда их можно определить только в последний момент (как например, праздник Рамадан), в зависимости от луны. Например, 2014 г. н.э. – это 1435–1436 г. по хиджре (год переселения пророка Мухаммеда из Мекки в Медину).

Б   Мусульманские праздники

Мусульмане говорят, что цель праздника – принести удовольствие Богу (Аллаху), а не нам самим. Однако, они находят повод повеселиться. Два самых главных праздника ислама *Ид аль-Фитр* (Ураза-байрам) и *Ид аль-Адха* (Курбан-байрам).

Праздник *Ид аль-Фитр* (Ураза-байрам) выпадает на первый день по окончании месяца Рамадан. В этот день, по завершении месяца поста, мусульмане собираются вместе для молитвы, предпочтительно на свежем воздухе. Они выражают в молитве свою признательность Аллаху за то, что он дал им сил соблюсти этот пост. На этот праздник готовится особенная еда, обычно ходят в гости к друзьям и родственникам и проводят специальные праздники для детей.

Ид аль-Адха начинается в 10-ый день месяца Зуль-хиджа и продолжается до 13-го дня. В этот праздник отмечают желание Авраама подчиниться богу и принести в жертву своего сына, Измаила. Авраам проявил готовность, и Аллах был им очень доволен. Вместо Измаила в жертву был принесен барашек по приказу Аллаха. В этот день мусульмане собираются вместе для молитвы и приносят в жертву животных – овец, коз, коров и верблюдов. Мясо прине-

ПОДЕЛИСЬ ЖИЗНЬЮ   УРОК 3

сенных в жертву животных раздают родственникам, соседям и бедным.

Другие праздники отмечают такие события, как Хиджра (переселение пророка), Мирадж (ночь вознесения) и исламские военные сражения. Есть также особый вечер, который называется лайлатуль-кадр (ночь могущества), и он выпадает на один из десяти последних дней месяца Рамадан. В Коране написано, что «он лучше, чем тысяча месяцев». Мусульмане проводят этот праздник в молитве и цитировании Корана.

В   Питание

Коран поощряет мусульман есть то, что полезно для них, и запрещает некоторые продукты. Мусульманам запрещено есть свиней, животных, которые не были убиты во имя Аллаха, кровь животных и плотоядных животных.

Можно есть рыбу и овощи. По закону ислама животные должны быть убиты гуманно — острым ножом, с перерезыванием шеи, чтобы позволить максимально вылить кровь. Когда животное забивают, надо произносить имя Аллаха. Весь алкоголь запрещен.

Г   Одежда

Мусульман призывают одеваться скромно и прилично. Нет определенного стиля одежды.

- требования для мужчин, по которым тело должно быть обязательно закрыто, по меньшей мере, от пояса до колен.
- От женщин требуется закрывать все тело за исключением лица и кистей рук. Некоторые исламские законоучители требуют, чтобы женщины, достигшие половой зрелости, закрывали и лицо, когда выходят на улицу или встречают незнакомцев.
- Ни мужчины, ни женщины не должны одеваться так, чтобы вызвать сексуальное влечение, т.е. нельзя надевать тугую, прозрачную одежду или одежду, которая обнажает тело.

УРОК 3   ПОДЕЛИСЬ ЖИЗНЬЮ

- Мужчинам нельзя носить чистый шелк или золото.
- Мужчины не имеют право надевать женскую одежду, а женщины мужскую.
- Нельзя надевать одежду, которая имеет символическое значение в других религиях.
- Всех поощряют одеваться просто и скромно; высокомерие и заносчивость в наряде не признаются. Стиль одежды зависит от местных обычаев и климата.

Обсудите:
1. Могут ли христиане научиться чему-либо у мусульман? Если да, то чему?
2. Найдите некоторые сходства и отличия между мусульманами и христианами

9 Что смущает мусульман в христианстве и поведении христиан

Когда христиане начинают дружить с мусульманами, они обнаруживают, что некоторые вещи мусульманам очень тяжело понять или принять. Мы обобщим их здесь в три основные группы

а) наша вера
б) наша история
в) наши моральные ценности

а *Наша вера*

Мусульмане не понимают Троицы и считают, что христиане верят в трех богов. Как мы уже знаем, мусульмане очень строго придерживаются того, что Бог един, и поэтому воспринимают наше убеждение как хулу на Бога.

Мусульмане с уважением относятся к Иисусу и признают Его как пророка, но они не понимают, как христиане могут называть Его Сыном Бога. Они полагают, что христиане верят, будто у Бога были сексуальные отношения с Марией, в результате которых родился Иисус. Эта мысль неприемлема и оскорбительна для них.

Так как Бог — всемогущ, а Иисус один из пророков, которого Он послал в мир, мусульмане не могут принять тот факт, что Бог позволил Иисусу умереть такой позорной смертью — смертью на кресте. В Коране написано, что Бог забрал Иисуса на небеса совсем незадолго до того, как народ собирался Его распять, и что Бог придал внешность Иисуса другому человеку, которого и распяли.

Многие мусульмане не понимают, как христиане могут считать Библию истинной, когда существует так много ее переводов, и когда христиане не могут объяснить существующие в Библии (как они думают) противоречия.

6 *Наша история*

В средние века армии христиан-крестоносцев отправились в Святую Землю очистить ее от неверных. Поступая так, они убили тысячи людей, многие из которых были мусульманами. Мусульмане до сих пор болезненно относятся к этим крестовым походам и считают, что это христианская форма джихада — священной войны.

С 17-го по 20-й век многие европейские христианские державы (включая Испанию, Португалию, Великобританию, Францию и Нидерланды) были сильными колониальными империями, завоевав страны, где проживали многие мусульмане. Они принесли туда насилие, грабежи, ложь и угнетение местных жителей.

Мусульмане не понимают, почему так много христиан продолжает поддерживать Израиль, который часто использует насилие для достижения своих политических целей.

Для многих мусульман весь западный мир означает одно и то же, что христианство. Они видят, как западный мир обращается с другими странами с точки зрения экономического и политического превосходства и не желает научиться из богатого опыта других культур и стран.

УРОК 3　　　　　　　　ПОДЕЛИСЬ ЖИЗНЬЮ

в　*Наши моральные ценности*

Мусульманам порой кажется, что западные страны взяли на себя роль своеобразного полицейского, который пытается заставить все остальные страны подчиняться его законам, но в то же самое время западные страны не видят морального разложения, которое существует в обществах этих стран. Мусульман удивляет, почему стали приемлемыми гомосексуализм, легализация наркотиков и проституции, аборты, эвтаназия, насилие дома, высокий процент разводов, и распространение аморального поведения через кино и туризм.

> **Обсудите:**
> 1. Какова ваша первая реакция на то, как мусульмане смотрят на христианство и христиан?
> 2. Как мы можем ответить на это?

> **Домашнее задание:**
> Запишите, по крайней мере, два вопроса, которые вы бы хотели задать мусульманам, когда будете посещать их в мечети на следующем занятии.

УРОК 4:
ВСТРЕЧА С МУСУЛЬМАНАМИ

Цель: встретиться с мусульманами и расспросить их о вере и традициях

Мы трезво взглянули на наше отношение к мусульманам и исламу, узнали самые важные аспекты веры и жизни мусульман, и теперь пора встретиться с мусульманами, чтобы пообщаться с ними и расспросить их о вере. Мы знаем, что одним из самых важных моментов в отношении по благодати — это попытаться увидеть ислам с точки зрения мусульманина и не критиковать их.

Лучше всего мы можем узнать, во что они верят, как думают и поступают — это спросить у них самих. Из собственного опыта мы знаем, что мусульмане с радостью идут на общение с христианами, готовы вступить в диалог и даже выслушать, во что верим мы. Поэтому четвертое занятие будет посвящено походу в мечеть и общению с мусульманами.

Что важно помнить, посещая мечеть:

1. Оденьтесь скромно, не надевайте откровенной одежды (не надо надевать шорты или рубашки без рукавов ни мужчинам, ни женщинам. Женщинам лучше надеть платье или блузку с юбкой длиной хотя бы ниже колен, лучше всего если у блузки будут длинные рукава, а также косынка на голове. Мужчины должны быть одеты в длинные брюки и рубашки с рукавом. Женщин в мечети часто просят быть с покрытой головой. Вы можете принести с собой платок).

2. По обычаю, входя в мечеть, надо снять обувь.

3. Заранее приготовьте вопросы, которые вы хотели бы задать.

4. Будьте вежливы и относитесь ко всем с уважением, даже если вы услышите и увидите нечто такое, с чем вы совсем

не согласны или если почувствуете, что кто-то пытается обратить вас в ислам. Скорее всего, люди в мечети попытаются преподнести ислам в самом выгодном свете – подумайте, вы бы поступили так же, если бы группа мусульман посетила вашу церковь.

5. Когда вам будут задавать вопросы о вашей вере, попытайтесь отвечать лично от себя. То есть, вместо того, чтобы говорить: «Молитва очень важна для христианства», объясните как и почему вы лично молитесь каждый день.

6. Цель вашего посещения мечети – не обратить мусульман, принимающих вас, в христианство, а узнать их лучше. Но, когда у вас будет возможность рассказать о своей вере в Иисуса Христа, обязательно сделайте это, с любовью и уважением к своим слушателям.

Задание для обсуждения после посещения мечети

1. Что вы узнали во время вашего визита в мечеть?
2. Прочтите 10 главу Деяний. Подумайте об отношениях между Корнилием и Петром. Сравните Корнилия с мусульманами, которых вы встретили сегодня и ответьте на следующее:

    а   Слышит ли Бог молитвы мусульман? Как вы думаете, что происходит, когда они молятся?

    б   Петр извлек один очень важный урок из общения с Корнилием. Какой урок извлекли вы сегодня из общения с мусульманами?

    в   Что больше всего вам понравилось в вере мусульман?

    г   Корнилию понадобилось всего лишь одно видение, чтобы отправиться на поиски. Петру понадобилось три. Знаете ли вы другие примеры, когда христианам нужно было больше времени, чем неверующим, чтобы понять, что Бог говорит им?

УРОК 5:
ЗАВОДИМ ПРОЧНУЮ ДРУЖБУ

Цель: узнать, как делиться евангелием через дружбу и поделиться жизнью с мусульманами

> **Задание:**
> обсудите свое посещение мечети и то задание, которое вы выполнили после.

Мы обсудили свое отношение к мусульманам и исламу, больше узнали о вере и традициях мусульман и имели возможность пообщаться с некоторыми из них; а сегодня мы посмотрим, как можно поделиться жизнью с мусульманами и рассказать им о нашей вере в Иисуса Христа. Это и станет темой пятого занятия нашего курса.

A   Воплощение Христа – пример для нас

В *Иоанна 1:14* мы читаем, что «*И Слово стало плотию, и обитало с нами*». Здесь речь идет о воплощении Христа, Бога, в человеческом образе на земле, и для нас, христиан, это должно стать примером служения этому миру. Он стал слугой и поселился на земле, в обществе людей (*Филиппийцам 2:5-8*). Апостол Павел в *1 Коринфянам 9:19-23* заявляет, что готов стать рабом любому, чтобы завоевать как можно больше людей.

Описывая свое служение в Фессалониках, он говорит следующее:

«*Так мы, из усердия к вам, восхотели передать вам не только благовестие Божие, но и души наши, потому что вы стали нам любезны*». (*1 Фесс. 2:8*)

Из этого стиха мы видим, как Павел совершал свое служение в Фессалониках. И он, и его команда, обладали искренней любовью людям, с которыми они делились Благой вестью. Они не просто проповедовали, а отдавали себя.

Библейский комментатор по фамилии Бест так писал об этом: *«Настоящий миссионер – это не тот, кто знает, как проповедовать благую весть, а тот, чьё существование так охвачено этой благой вестью, что он готов отдать всего себя и быть преданным своим слушателям».*

В этом послании Павел девять раз употребляет фразу *«вы сами знаете»*, ссылаясь на то, что фессалоникийцы могли вблизи наблюдать за жизнью Павла.

Нам надо объединить проповедь с физическим присутствием. Один из важных аспектов Библии – это Царство Божие. План божьего искупления состоит в том, что Бог прославится, когда все будет соединено под началом Христа, и это включает не только примирение людей с Богом, но и примирение *«всего земного и небесного»* под *«главою Христом»*. (*Ефес. 1:10*) В Царстве Божием будет полное и окончательное примирение всего, но мы уже сейчас и здесь, на земле, можем наблюдать отголоски этого будущего Царства. Церковь не просто должна провозглашать Благую весть (*Матф. 24:14*), но и изображать жизнь такой, какой она будет в Царстве Небесном (*Матф. 5-7*), а также совершать дела Царствия.

Если мы применим это все к нашим отношениям с мусульманами, мы можем извлечь пять основных вещей:

- а Благовестие – это прежде всего образ жизни, а не задание; не то, что мы обязаны делать, а то, кем мы являемся.
- б Очень важно делиться Благой вестью на словах, но это должно быть связано и с нашими поступками, когда мы заботимся о нуждах людей, которые возникли у них из-за того, что они оторваны от Бога.
- в Жизнь верующего не должна расходиться с его словами.
- г Если мы хотим, чтобы мусульмане правильно поняли библейские истины и то, кем является Иисус Христос, они должны увидеть это в жизни людей, которых знают и которым доверяют.

УРОК 5   ПОДЕЛИСЬ ЖИЗНЬЮ

д   Если мы, христиане, хотим правильно передать истину Благой вести мусульманам, им надо увидеть, как эти истины действуют в тесной связи с любовью и доверием.

Это означает, что нам надо быть доступными для мусульман.

> **Обсудите:**
> а   Что бы изменилось, если бы у каждого мусульманина в вашей стране был, хотя бы один, друг-христианин?
> б   Что значит благовестие дружбой?

В книге *«Гостеприимный»* Ричард Садворт *пишет: «Нас отличает то, что мы не просто имеем веру, а то, что наша вера влияет на наше поведение. Наше отличие в том, как вера преображает нашу жизнь. До тех пор, пока мы не научимся показывать живую и преобразующую связь между нашей верой и поведением, мы будем находится не в самом лучшем положении по отношению к другим верованиям».* "[10]

Хотя богословие христианства отличается от богословия мусульманства, большинство мусульман заметит эту разницу только тогда, когда ее можно будет наблюдать в наших поступках.

Ранее мы видели, что богословие Ионы расходилось с его поступками. Он мог проповедовать жителям Ниневии о благодати и прощении, но не готов был принять тот факт, что Бог проявил к ним благодать.

Простое обсуждение наших убеждений редко побуждает других людей принять их, но когда эти убеждения выражаются в поступках, отношение резко меняется.

Если вы помните, Иисус не спорил с правителями о Царстве Бога, Он жил среди людей и показывал им силу этого Царства на деле,

---

[10] Richard Sudworth, *Distinctly Welcoming,* (NSW Australia: Scripture Union, 2007), 48 с.

ПОДЕЛИСЬ ЖИЗНЬЮ   УРОК 5

а потом объяснял, как его понять и жить им. Нам необходимо поступать так же.

Благовестие дружбой – это и есть служение воплощения истин Царствия в человеке на земле. Оно всегда направлено на конкретных людей и подразумевает человеческие отношения: не с группой людей, а с одним другом (может быть, семьей). Лучше всего, если наше свидетельство будет частью отношений, основанных на уважении, доверии и любви. Чтобы построить такие отношения, нужно время, и одна-единственная беседа о различиях между христианством и исламом не поможет. Надо встречаться, проводить вместе время, заниматься чем-то вместе, интересоваться жизнью друг друга, разделять радости и печали, то есть, стать настоящими друзьями в полном смысле этого слова.

Иными словами, нужно поделиться жизнью, а не только Благой вестью.

Если мы искренне переживаем и заботимся, у нас появится масса возможностей поделиться библейскими истинами, и не с помощью каких-то абстрактных объяснений, а сделать это частью повседневных событий. Изо дня в день ваши мусульманские друзья будут видеть, как вы живете по вере: и на словах, и на деле. Возникнут ситуации, когда вы сможете поделиться и помолиться за своего друга, а может и даже вместе с ним. Они также смогут наблюдать, как вы отмечаете Рождество, поститесь, решаете конфликты, обращаетесь с родственниками, относитесь к деньгам и многое другое.

Более того, наши друзья – мусульмане будут видеть спасительную силу Иисуса Христа. Большинство мусульман начинают уважать и прислушиваться к Благой вести, когда они видят, как христиане полагаются на Христа в реальных жизненных обстоятельствах, испытаниях и продолжают служить Ему верно, смиренно, с надеждой.

Иногда могут возникать споры и разногласия, особенно, когда вы и ваши друзья начнете задавать сложные вопросы, и вам еще

УРОК 5 ПОДЕЛИСЬ ЖИЗНЬЮ

предстоит научиться выражать свои разногласия правильным способом.

Благовестие дружбой может быть порой болезненным и стоить нам многого, но если мы посмотрим на жизнь Иисуса Христа, мы увидим, что Он испытал многие страдания и даже мучительную смерть.

Мы, конечно, не можем сказать, сколько раз у вас получится рассказать свое свидетельство, так как Благую весть нельзя запрограммировать, но вы, однозначно, будете обращаться к Богу с молитвами, чтобы Он показал вам, когда надо говорить, когда слушать, а когда быть чувствительным к нуждам и чувствам ваших друзей. Также вы научитесь смелее говорить о своей вере и объяснять, как Бог влияет на решения, которые вы принимаете и на вашу реакцию на обстоятельства.

Мы читаем с вами в Библии, как Андрей приводит своего брата Петра к Иисусу, а Филипп — своего друга Нафанаила. Так и в благовестии мы приводим своих друзей на встречу с самым близким своим другом — Иисусом. Когда мы благовествуем через дружбу, мы хотим, чтобы друзья-мусульмане вступили в дружбу с Христом и поклонились Ему как Господу.

> **Обсудите:**
> 1. «Простое обсуждение наших убеждений редко побуждает других людей принять их, но когда эти убеждения выражаются в поступках, отношение резко меняется». Объясните, согласны ли вы с этим утверждением, и почему.
> 2. В *1 Коринфянам 9:19-23* Павел говорит, что стал рабом всем, чтобы завоевать как можно больше людей. Как можно применить этот принцип к нашим отношениям с мусульманами?

ПОДЕЛИСЬ ЖИЗНЬЮ УРОК 5

Б **Практические способы завести отношения с мусульманами**

Во времена Иисуса Иудеи и Самаряне жили в одной стране, но мы читаем, что *«Иудеи с Самарянами не сообщались» (Иоанна 4:9)*. То же самое можно сказать и об отношениях христиан и мусульман в нашей стране, в нашем городе или на нашей улице. Надеемся, что этот курс воодушевил вас на попытки подружиться с мусульманами. У вас может появиться вопрос: с чего начать?

Мы хотим помочь вам в этом несколькими советами:

1. Начните работать добровольным сотрудником в местном центре для иммигрантов или беженцев;

2. Договоритесь о встрече с местной мечетью или исламским обществом, чтобы познакомиться с ними. Спросите, чем вы можете им помочь, или может быть, они и ваша церковь могут провести какие-то совместные мероприятия. Вы также можете пригласить их на праздник или мероприятие в свою церковь.

3. Устройте дворовый праздник вместе с соседями-мусульманами, где вы можете поделиться едой из своих культур, послушать музыку из разных культур, и просто узнать обычаи друг друга.

4. Спросите своих соседей-мусульман, есть ли у них какие-либо молитвенные нужды и начните регулярно за них молиться.

5. Выучите основные фразы — приветствия на языке своих соседей (на таджикском, узбекском и пр.) и начните здороваться с ними на их родном языке.

6. Дарите мусульманам подарки на Рождество и Пасху и приглашайте их разделить вашу радость от этих праздников.

7. Если ваши соседи-мусульмане занимаются каким-либо бизнесом (продают овощи на рынке, пекут восточные сладости, и пр.), обращайтесь за услугами к ним.

УРОК 5   ПОДЕЛИСЬ ЖИЗНЬЮ

8. Узнайте, какие социальные нужды имеют ваши соседи (нужна помощь с изучением языка, уроки компьютерной грамотности, спортивные занятия и т.п.) и организуйте для них занятия, чтобы помочь им в этом.
9. Если проходят в вашем городе какие-то культурные мероприятия, где бывает много мусульман, ходите на них.
10. Сядьте рядом с ними в автобусе/ метро и заведите разговор.
11. Ищите возможностей для сотрудничества с мусульманами в общественной деятельности.
12. Смотрите, какую практическую помощь вы можете оказать своим соседям-мусульманам.
13. Заходите на исламские чаты и общайтесь с ними там.
14. Присядьте рядом с ними на лавке в парке.

Это не полный список идей, но лишь некоторые примеры. Самое важное – это чтобы вы познакомились с мусульманами в вашем городе, на улице, в подъезде.

B   Чего нельзя делать в общении с мусульманами

Как мы уже замечали, самое эффективное свидетельство будет в ситуациях, когда христиане и мусульмане встречаются. Конечно, нельзя заранее отрепетировать, что говорить, как себя вести и знать ответ на любой вопрос. Однако помните следующие вещи:

i. Помните о половых различиях (скажем, не стоит пожимать руку мужчинам и женщинам, и не стоит мужчине заходить в дом, если дома только одни женщины).

ii. Бережно обращайтесь со своей Библией (в ней не должно быть никаких наклеек, подчеркиваний, рисунков, и не кладите ее на пол!)

iii. Ни в коем случае не предлагайте мусульманам свинину или алкоголь. Особо серьезные мусульмане будут есть мясо, только приготовленное по правилам халал.

| ПОДЕЛИСЬ ЖИЗНЬЮ | УРОК 5 |

iv Регулярно молитесь за своих друзей-мусульман. Если хотите, спросите их о молитвенных нуждах.

v Будьте готовы говорить на любые темы (не только религиозные) и будьте открыты о своей вере; пусть будет связь между вашей верой и повседневной жизнью.

vi Не критикуйте ислам, исламские традиции и пророка Мухаммеда. Будьте осторожны. Иисус учит нас не смотреть на сучок в глазу другого, а обращать внимание на бревно в нашем глазе. (*Матфея 7:1-5*). Вы не станете чище оттого, что будете очернять других.

vii Не начинайте споров (задумайтесь о предостережении Павла во *2 Тим. 2:23-24* о глупых спорах).

viii Если у вас есть разногласия, не напирайте на свою точку зрения, лучше оставить это открытым, чтобы в будущем осталась возможность для новой встречи или разговора.

ix Делайте все возможное, чтобы не было неправильного понимания христианской веры, и будьте готовы признать исторические ошибки и преступления, совершенные христианами.

x Используйте иллюстрации, примеры и личное свидетельство (не только спасения, но и того, как Бог отвечал на ваши молитвы, утешил вас, дал вам мудрости поступить правильно и пр.), чтобы объяснить библейские истины. Намного лучше сказать «Я считаю, что...», «Я убежден в том, что...», «Я знаю, что Библия учит...» чем делать обобщения типа «Христианство утверждает, что...», «В Библии написано, что...»

xi Пусть ваши слова не расходятся с делом. Это самая трудная часть благовествования, но нет ничего важнее, чем быть живым примером того, что мы пытаемся объяснить.

xii Будьте самими собой: трудно притворяться в течение долгого времени.

УРОК 5　　　　　　　　　ПОДЕЛИСЬ ЖИЗНЬЮ　　

Г　Пример встреч

«Через три дня нашли Его в храме, <u>сидящего посреди</u> учителей, <u>слушающего их</u> и <u>спрашивающего их</u>; все слушавшие Его дивились <u>разуму</u> и <u>ответам</u> Его». (Луки 2:46-47)

Мы призваны быть подобными Христу. Выше приведены стихи, в которых Лука рассказывает о том, как двенадцатилетний Иисус проводил время в храме. В этих стихах Колин Чэпмэн увидел образец для подражания, о чем он и написал в своей книге «Крест и полумесяц». Вот что мы можем делать в общении с мусульманами[11]:

Сидеть с ними.

Иисус сидел среди учителей в храме. Христиане могут приходить в гости к мусульманам домой, в исламский молодежный центр, в мечеть, на студенческую группу и т.п. Нам надо искать возможности для естественного общения. Что мы знаем о районе, в котором они живут? Об их истории и культуре? Понимаем ли мы, каково быть на их месте? Знаем ли мы, как они реагируют на нас?

Слушать

Иисус слушал учителей. Как христиане могут научиться слушать мусульман? Имея искреннее желание узнать, что они думают. Уделяя внимание тому, как мусульмане говорят о своей вере, вместо того, чтобы уделять внимание тому, что о них говорят в новостях. Это значит, что мы должны захотеть узнать их историю, поставить себя на их место, взглянуть на мир их глазами. Это значит, что надо научиться слушать сердцем, а не только ушами.

Задавать вопросы

Иисус задавал вопросы. Когда мы сделали первые два шага, для нас открывается возможность задавать вопросы, и мусульмане уже не будут относиться к ним настороженно. Мы можем начать с простых вопросов, а можем уже с чуткостью задавать более глу-

---

[11] Colin Chapman, *Cross and Crescent: responding to the Challenge of Islam* (Downers Grove, Il: IVP Books, 2007), 24-25 с.

ПОДЕЛИСЬ ЖИЗНЬЮ   УРОК 5

бокие вопросы, затрагивая некоторые их убеждения. Цель – не задавать вопросы, чтобы смутить наших новых друзей или «вывести их на чистую воду», а вступить в настоящий, глубокомысленный разговор.

Понимать
Учителя видели, что Иисус их понимал. Ответы на наши вопросы дадут нам лучшее понимание ислама, жизненных обстоятельств наших друзей-мусульман, а не какие-то книжные знания. Понимание также даст нам возможность увидеть суть проблем и ситуаций, а не отвлекаться на безрезультатные дискуссии.

Отвечать
Иисус отвечал на вопросы учителей. Когда мусульмане увидят, что мы их понимаем, они могут начать задавать нам вопросы о нашей вере. Когда откроется такая возможность, мы уже будем отвечать на искренние серьезные вопросы, которые по-настоящему волнуют мусульман, а не на те вопросы, которые, мы думаем, они могут нам задать. Более того, если мы окажемся на этой стадии общения, это значит, что мы обрели уважение и право говорить.

> **Практическое задание:**
> Просите Господа, чтобы Он позволил вам установить контакт вас хотя бы с одним мусульманином, с которым вы могли бы начать дружеские отношения, чтобы стать для этого человека живым свидетельством.

ЗАКЛЮЧЕНИЕ

Курс «Поделись жизнью», подошел к концу. Если у вас есть вопросы, вы можете связаться со мной по адресу info@sharinglives.eu (на английском языке).

На нашем сайте можно купить книги, DVD, и найти адреса, по которым можно получить дополнительную информацию.
www.sharinglives.eu

Приложение

Дополнительные источники информации

Постоянно растёт число хороших книг и DVD-дисков, которые помогут вам лучше понять ваших друзей-мусульман и делиться своей верой и жизнью с ними. Ниже приведены несколько примеров таких ресурсов.

Ислам изнутри (DVD)

«Ислам изнутри» — это документальный фильм, созданный в 2002г., который дает хороший обзор ислама. В нем рассказывается о связи ислама с иудаизмом и христианством, о жизни Мухаммеда, о пяти столпах ислама, о женщинах в исламе, европейском колониализме, исламизме, и джихаде.

«Крест и полумесяц: как ответить на вызов, брошенный исламом»
Колин Чэпмэн

Эта книга призывает нас исследовать собственное отношение к мусульманам. Автор рассуждает о проблемах, связанных с общением между христианами и мусульманами. Он приходит к выводу, что христиане могут эффективно свидетельствовать о Христе мусульманам. В книге также есть материал об исламском терроризме, о том, что представляет собой ислам как религия, о взгляде Корана на христиан и о том, как объяснить христианские утверждения о Христе. Эта книга поможет христианам лучше понять мусульман современного мира.

«Благодать для мусульман? Путь от страха к вере»
Стив Белл

«Почему такая «добрая» религия вдруг превращает кого-то в «демонов»?» – спросил один мусульманин – журналист. Этот вопрос возникает во всех дебатах между христианами и мусульманами. Могут ли христиане поддерживать отношения с мусульманами, не впадая в политическое простодушие или богословский либерализм? Автор считает, что могут. Он делится собственным опытом и рассказывает, как он понял, что благодать является самым необходимым ингредиентом в межрелигиозных отношениях.

«Соприкасаясь с миром ислама»
Кис Суортли (редактор)

«Соприкасаясь с миром ислама» — учебный курс, включающий в себя статьи 80 авторов, которые жили в мусульманских странах. Эта книга знакомит читателя с жизнью окружающих мусульман и всего мира, словами Мухаммеда, историей исламской цивилизации. Этот курс поможет получить представление о причине современных конфликтов и развеять страхи и мифы жителей западных стран. Вы также узнаете о переживаниях и мечтах мусульман и научитесь молиться за них и поддерживать их. Книга исследует мусульманский мир и Божий план для мусульман. «Соприкасаясь с миром ислама» поможет узнать, как достигать мусульман любовью Христа.

«Ислам через призму креста»
Набил Джаббур

Книга, написанная христианином арабского происхождения, поможет читателю погрузиться в мироощущение мусульман и понять, что они думают и чувствуют. Она поможет читателю сделать первые шаги в освоении искусства адаптации к представителям почти полутора миллиардного мусульманского мира, которые, как и мы, нуждаются в Благой вести. Книга содержит практические рекомендации христианским благовестникам и помогает найти ответы на актуальные вопросы: Как преодолеть барьеры между христианами и мусульманами, на возведение которых было затрачено много сотен лет? Как проповедовать живую евангельскую весть, не насаждая при этом христианские традиции и западный образ жизни? Каким образом обратившиеся ко Христу мусульмане могут оставаться в мусульманской культуре как искренние и преданные последователи Господа? Какие сравнения между исламом и христианством можно считать допустимыми? Как научиться доносить Благую весть не только через привычные для нас парадигмы, но и с помощью других моделей мышления, которые ближе и понятнее мусульманам?

«Борясь за мир с Исламом»
Кристин А. Малоухи

Как могут заботливые христиане относится к исламу? Поскольку отношения между Мусульманским миром и Западом становятся более поляризованными, многие христиане боятся встречи с мусульманами. Как мы можем преодолеть годы, если не столетия недоверия. Кристин А. Малоухи, которая, выйдя замуж, попала в мусульманскую семью и прожившая большую часть жизни на Ближнем Востоке, советует следовать примеру Франциска Ассизского. Во времена крестовых походов он направлялся к мусульманам и даже делился Евангелием с султаном.

«Дорогостоящий вызов»
Эмир Фетхи Кенер и Г. Эдвард Прюитт

Двадцать современных историй мусульман из разных частей мира, которые нашли Иисуса Христа.

ПОДЕЛИСЬ ЖИЗНЬЮ APPENDIX

«Дочери ислама – налаживание отношений с мусульманскими женщинами»
М. Эдени

В книге «Дочери ислама», Мириам Эдени познакомит вас с женщинами такими, как Ладан, Хадиджа и Фатима. Вы узнаете о их жизнях, вопросах и надеждах. Вы увидите, как они одновременно отражают свою культуру и отличаются среди своих арабских, иранских, юго-восточноазиатских и африканских сестер. Вы узнаете, что их привлекло ко Христу. По мере того, как вы входите в жизнь Ладан, Хадиджи и Фатимы, вы будете иметь четкое представление о том, как относиться к другим мусульманским женщинам и как познакомить их со Христом.

«Мир ислама» (CD)

Диск «Мир ислама» содержит 39 полных книг и многочисленные статьи мусульманских и христианских свидетельств, включая 750-страничный словарь Ислама; статьи, касающиеся контекстуализации и корней фундаментализма и воинственности в исламе. Десять карт с обновленной информацией покажут современную ситуацию в мусульманском мире. Кроме этого, на этом диске вы найдете более 100 фотографий мусульманского мира, которые можно распечатать; 8 полных курсов по изучению ислама, написанных выдающимися исследователями; полный текст Корана с возможностью поиска; аннотированная библиография; ссылки на веб-сайты, касающиеся ислама и многое другое...более 12 000 страниц

«Больше чем сны» (DVD)

«Больше, чем сны» – 5 свидетельств мусульман из разных стран, уверовавших в Иисуса Христа. В фильме представлены истории людей из Египта, Ирана, Турции, Нигерии и Индонезии. «Больше чем сны» воссоздал истории этих людей, представляя их на языке оригинала. В фильме объясняется, что такое следовать за Христом и дается призыв к молитве покаяния.

Bert de Ruiter (ed.)

Engaging with Muslims in Europe

In Europe one finds Christian communities and Muslim communities living in close proximity to each other. Muslims and Christians pass each other in the streets, stand next to each other waiting for the bus or metro, live next to one another in streets, share apartment buildings with each other, study in the same universities, have their lunches in the same business canteens, shop in the same shopping centres. Nevertheless, they are essentially strangers to each other. Only a small minority of Churches and Christians in Europe are engaged with Muslims through meaningful and loving relationships which provide opportunities to witness to them about the truth of God.

The European Ministry to Muslims Network of the European Leadership Forum seeks to equip the Church in Europe to relate to Muslims with a compassionate heart, an informed mind, an involved hand and a witnessing tongue. In this book members of the network and others write about their engagement with Muslims in Europe.

Pb. • pp. 112 • £ 7.00 • € 8.00
ISBN 978-3-95776-025-8

VTR Publications • Gogolstr. 33 • 90475 Nürnberg • Germany
info@vtr-online.com • http://www.vtr-online.com

Bert de Ruiter

Sharing Lives
Overcoming Our Fear of Islam

This book argues that the single greatest hindrance to Christian witness amongst Muslims in Europe is fear.

Many European Christians fear that Europe will gradually turn into Eurabia, or Islamic domination of Europe, and they ignore the efforts of Muslims to adapt to the European context, a situation pointing to a future scenario of Euro-Islam, or Islam being Europeanized. The author argues that instead of an attitude of fear, which leads to exclusion, Christians should develop an attitude of grace, which leads to embrace.

After analyzing books and courses developed to help Christians relate to Muslims, he concludes that these mostly concentrate on providing information and skills, instead of dealing with one's attitude. Because of this the author developed a short course to help Christians overcome their fear of Islam and Muslims and to encourage Christians to share their lives with Muslims and to share the truth of the Gospel.

Pb. • pp. XIII + 209 • £ 13.95 • € 14.90
ISBN 978-3-941750-22-7

VTR Publications • Gogolstr. 33 • 90475 Nürnberg • Germany
info@vtr-online.com • http://www.vtr-online.com

www.ingramcontent.com/pod-product-compliance
Lightning Source LLC
Chambersburg PA
CBHW071736040426
42446CB00012B/2374